TAGALOG
STORIES

FOR LANGUAGE LEARNERS

TAGALOG STORIES

FOR LANGUAGE LEARNERS

Folktales and Stories in Filipino and English

Joi Barrios

Illustrations by Mark Salvatus

TUTTLE Publishing

Tokyo | Rutland, Vermont | Singapore

Contents

Advanced Level Stories

Introduction

How can we increase our vocabulary in a language? An often suggested way is reading. But the question remains—what level-appropriate materials are available?

This book seeks to provide language learners and teachers with texts that are written in Filipino (the national language of the Philippines, based on Tagalog and words appropriated from other native and foreign languages) and Tagalog (the language of the Tagalog ethnolinguistic group). Moreover, the book may also be of interest to those who are just exploring the possibility of learning the language and would like to know more about Philippine literature and culture.

This book is organized in such a way that the texts increase in difficulty as learning progresses. There are three main sections:

Beginning Level: concrete words; simple sentences; basic affixes in Filipino such as **mag-**, **um-** and **-in**

Intermediate Level: a combination of concrete and abstract words; simple and complex sentences, use of social affixes such as **maki-** and **makipag-** and causative affixes such as **nagpa-** and **pina-**

Advanced Level: more abstract words; more complex sentences; use of basic, social, and causative affixes

Three types of stories comprise this collection: first, stories that draw from folklore; second, stories provided as examples of some of the finest works in Philippine literature; and three, contemporary stories, some of which draw from real life.

Folklore
But how were the legends, myths, and folktales selected? How were the stories written?

In the Filipino Mythology class I co-teach with Cynthia Aban and Karen Llagas at UC Berkeley, I start the semester by giving a lecture entitled "What approaches can we use in the study of folk/indigenous/

precolonial/traditional literature?" This lecture derives from the writings of Resil Mojares, Isabelo de los Reyes, Vivencio Jose, Damiana Eugenio, Walter Ong, Alan Dundes, Vladimir Propp, Graham Huggan, and Megan Thomas. In it, I emphasize the following: 1) the need to analyze text, texture, and context (Dundes); 2) the characteristics of oral literature as "unfixed text" (Ong); 3) folklore as being the art of the oppressed classes (Propp); 4) the use of folklore by the colonizers for conquest and colonial administration (Jose); 5) the multiple "voices" of Filipino folklorists and the use of folklore as contemporary critique during the Spanish colonial period, as exemplified by the writings of Isabelo de los Reyes (Thomas); and 6) the possibilities of rereading a folktale, such as Rizal's "Maria Makiling" using Raymond Willams's concept of residual (the Edenic world of precolonial Philippines), dominant (post-Edenic world), and emergent (the unwritten) cultures.

In other words, I ask students to view folklore as dynamic texts that have evolved through time. Because folklore is "unfixed," the stories in this collection have been rewritten bearing in mind the pedagogical purpose of the book, using my own literary style, and mindful of contemporary contexts.

My favorite quote comes from Mojares (2002, pp. 3-4): "The dynamics of social production alerts us that tradition is selective and ideology is not disinterested. Folklore can serve contradictory interests—the legitimization of a social order or its demystification and subversion."

By reframing the ways by which we look at folklore, we can thus do critical readings of the texts in the book. For example, how can we read the Juan Tamad folktale alongside Jose Rizal's essay "The Indolence of the Filipinos" published in the *La Solidaridad* (1890)? When we read the story about the *aswang*, how can we think of the dynamics between cautionary tales and discipline—the child who wants to go out at night, the *babaylan* precolonial healer and spiritual leader reconstructed as the *bruha* during the Spanish colonial period, the Hukbalahap and CIA anti-subversion tactics of the 1950s, rumors of *aswang* sightings during martial law and the Marcos government in the Philippines (1972–1986), and the use of mythological creatures in radical contemporary texts? How can the *pusong* trickster tale inform our way of thinking about class conflicts and the use of humor in satirizing those in power? How has gender theory informed the rewriting of folklore, for example, the retelling of the creation story?

I note these approaches so that readers can understand how I chose and rewrote the folk stories in this book. I combed through books, dissertations, and theses, drawing from the work of scholars, so that I might select stories which I thought would be interesting to contemporary readers. Then, I wrote/rewrote the stories using level-appropriate words and sentence structures. I tried to stay as close as possible to the original stories, but as a creative writer, I did not want to be limited by the demands of accuracy in the retelling.

Of the forty stories in the book, twenty-one are derived from legends and folktales. I included two types of these stories: I, the most popular and familiar, such as "Malakas and Maganda (The Strong and the Beautiful)," "Juan Tamad (Lazy Juan)," and "Si Maria ng Makiling (Maria of Makiling)"; II, stories I felt could be analyzed in the context of social relations, values, and contemporary issues, such as "Kung Bakit Walang Kaibigan ang Paniki (Why the Bat Has No Friends)," "Ang Presidenteng Nagkasungay (The President Who Had Horns)" and "Kung Bakit Maitim ang Uwak (Why the Crow Is Black)."

Examples of Philippine Literature

Six stories from Philippine literature are included in this book either in their original form, in a version using more contemporary language, in a shortened version, or in translation. In Level 2, we find "Ang Ibong Adarna," arguably one of the more famous corridos (narrative in octosyllabic verse). Providing us with a glimpse of early published Tagalog writing at the turn of the twentieth century are two *dagli* texts, short narratives that may contain dialogues and/or commentaries, and which are considered to be the precursor of the modern short story in the Philippines. In Level 3, the *dagli* "Estrangheritis," which refers to an estrangement illness, is accompanied by a new story, "Estrangheritis sa Bagong Milenyo (The Disease of Estrangement in the New Millennium)" using the same metaphor of maladies to describe contemporary characters. Also included in Level 3 is a condensed version of "Greta Garbo," 1930, by Deogracio Rosario, considered to be one of the pioneers of the modern short story in Tagalog. The story exemplifies Philippine literature that indicted the colonial way of thinking of Filipinos during the American colonial period.

Why include these examples? As language learners progress in their studies, they need more authentic texts, so that they can be familiar with the use of language in literature and learn more about metaphors and other literary devices.

The works of two women writers are included in Level 3, through Tagalog translations of the original stories in English: Paz Latorena's "Desire" (condensed) and Maria Elena Paterno's "Sampaguita." In including "Desire," advanced readers are encouraged to use feminist literary theories in their study of a text written in 1928, and write their arguments in Filipino. Similarly, readers can examine "Sampaguita" and see how it deviates from the many versions of the legend by changing space (from rural to urban), character (a child), and an unsentimental unexpected ending. These are in keeping with the challenge for advanced learners to practice argumentative skills in using the language.

New Stories
Finally, I have included thirteen new stories. Only one of the stories, "Estrangheritis sa Bagong Milenyo (The Disease of Estrangement in the New Millennium)," is in Level 3. The rest are in Levels 2 and 2+, with most of them in Level 2. I want to encourage students in Introductory Filipino classes to read this book, and thus, the first stories are especially written for those with limited vocabulary and are still unfamiliar with complex sentence structures.

In the late 1980s and early 1990s, I belonged to a group of young fictionists called Katha (literally, meaning a creative text). Katha has published several anthologies of fiction, and I had coedited one of these anthologies. However, while many of the members had gone on to publish their own anthologies of short fiction, I had instead published three collections of poetry, a book of plays, and a book of short novelettes. The truth is, I have published only two short stories and have never won a literary award for fiction, nor entered into a fiction competition.

However, I was able to go back into fiction, through my two language textbooks, *Tagalog for Beginners* and *Intermediate Tagalog*, both also published by Tuttle. Three of my favorite stories from *Tagalog for Beginners* are in this book, mainly because I especially liked the way these stories incorporated words that are part of the lesson. In *Biyahe* (Journey) for example, words for transportation are reviewed as a teenager travels to the airport to meet his mother, a domestic worker arriving from Hong Kong.

Two of the stories I wrote are derived from real life and real characters: "Ang Babae sa Baryo San Andres (The Woman in Barrio San Andres)" and "Ang Wak-wak Queen ng Bundok Diwata (The Wak-wak Queen of Mt. Diwata)." For these stories, I credit Judy Taguiwalo and "Ka Ben" (pseudonym), the authors of the articles I derived the stories from. These portraits show how the creation of "interrogative characters" can propel a story and move readers. I must admit that I cried while writing about Wendell (the Wak-wak Queen), who reminded me of many of my former students at the University of the Philippines.

Finally, I wish to remind readers that while many of the stories are written in the first person and have women as central characters, this is fiction and not creative nonfiction.

I hope this book can be considered as an accompaniment to Tagalog/ Filipino textbooks, and will encourage learners to continue their study of the language.

—*Joi Barrios*

Dedication

I offer this book to two colleagues and friends in the UC Berkeley South and Southeast Asian Studies Department, *Sylvia Tiwon* and *Sally Goldman*, in lieu of *sampaguitas* absent in a foreign land, and with my heartfelt gratitude for the work that they do in language and literature, their support of Filipino language classes at UC Berkeley, and their friendship.

Acknowledgments

My endless thanks to the following:

Filipino faculty members Chat Aban and Karen Llagas, for providing input in rating the stories in the book, their tireless work in Filipino language teaching, and their never-ending support; Francine Medina, Joshua Laurel, Jenina Yutuc, and Gabrielle Pascua—the book's research and translation team; Roland Tolentino, for inspiring me to continue writing fiction; editors Nancy Goh and Linda Bulong; illustrator Mark Salvatus; Mailin Paterno-Locsin, for letting me translate her story; supporters of our Filipino language classes: Fritzie de Mata, who makes things possible; Eunice Kwon and the Asia Pacific American Student Development Office, Melissa Urbano, Kelly Yun, and Raquel Redondiez; colleagues and fellow writers, based in U.S. universities—Nerissa Balce, Lucy Burns, Marivi Soliven, Sarita See, Gina Apostol, Neferti Tadiar, Martin Manalansan, Robyn Rodriguez, Z. Linmark Zamora, Richard Chu, Valerie Francisco, Rick Bonus, Ryan Leaño, Michael Viola; Ralph Peña and Holly for inspiring the cat stories in the book; my niece Michelle Ann Gerbig and her daughters Sophie and Riley, who I hope will learn Tagalog/Filipino; finally, my husband Pierre, my son Elia (with Zoe, Weyland, Java, and Mocha), and our fur babies, Gabriela Luningning and Salud Liwayway—for never letting me lose hope and joy in these pandemic times.

The Stories

The Keys

Sandra's keys always get lost. This morning, she kept moving around the kitchen, in the room, and the living room. She couldn't find her keys.

She keeps a lot of keys. She has a key to the apartment building's front area, a key to the apartment, a key to all the houses she works for. Every Monday, she is in the house of Mrs. Smith. Every Tuesday, she cleans the house of Professor Tiwon. On Wednesdays, she goes to the condo of Marconi and Adam. That is how her week goes.

"My God," she told herself, "how can I leave the house without the keys?"

Ang Mga Susi

Laging nawawala ang mga susi ni Sandra. Ngayong umaga, paikot-ikot siya sa kusina, sa kuwarto, sa sala. Hindi niya mahanap ang susi niya.

Ang dami kasi niyang susi. Susi sa harap ng building ng apartment, susi sa apartment, susi sa lahat ng bahay kung saan siya nagtatrabaho. Tuwing Lunes, nasa bahay siya ni Mrs. Smith. Kapag Martes, naglilinis siya sa bahay ni Propesor Tiwon. Miyerkoles naman, condo nina Marconi at Adam ang pinupuntahan niya. Ganoon siya buong linggo.

"Diyos ko," ang sabi niya sa sarili, "paano ako aalis ng bahay kung walang mga susi?"

Discussion Questions
1. How many keys do you keep in your bag and what are they for?
2. How good are you at multitasking?
3. What day of the week do you like most? Why?

Culture/Context Notes

In the story, the protagonist is a domestic worker, one of the top sources of funds for lower-income women in the Philippines. With the dream of giving their family a better life, these women seek jobs abroad often as caregivers, nannies, or as housekeepers. The hours of a domestic worker are long, the work is demanding, and if one is unfortunate, bad working conditions such as abusive treatment by the employer or poor living quarters.

In the article, "The Indenture of Migrant Domestic Workers" published in the *Women's Studies Quarterly* in 2017, Rhacel Salazar Parreñas looks into the legal conditions of migrant domestic workers in five countries (Denmark, Singapore, United Arab Emirates, Taiwan, and Canada), comparing factors such as mandatory live-in employment, flexibility to change employers, average salary, residency cap, labor protection, pathway to permanent residency, and right to family unification. Her interviews with workers in Dubai and Copenhagen provide snapshots of their daily lives, highlighting problems such as lack of autonomy in work. Parreñas notes how migrant workers are "subject to laws that exclude them from labor protection and bind them to indenture" and how conditions are "culturally motivated by gendered notions of care." (p. 125)

Comprehension Questions
1. What does Sandra always lose?
2. Where does Sandra go every Monday?
3. What does Sandra do on Tuesdays?
4. Who is her employer on Wednesdays?
5. When is Sandra's rest day?

Grammar Focus
Most of the verbs in this story are in the incompleted aspect, actor focus, using either the prefix **ma-/na-** or **mag-/nag-**. One of them is **nawawala**. Identify the other verbs.

Practice the incompleted aspect, actor focus by converting the following verbs from the completed aspect to the incompleted aspect. Two examples are given.

1. nahanap → **nahahanap**
2. nagluto → **nagluluto**
3. nagpunta (went) → _____
4. namili (shopped) → _____
5. nagbihis (dressed up) → _____

Writing Activity
List your schedule of activities in a week.

Why the Bat Has No Friends

Once upon a time, the birds and land animals were enemies.

The land animals saw the bat. The bat was hanging from the tree.

"My dear friend," said the leader, "Did you hear about the impending fight between the birds and us, land animals?"

The bat grew silent. It did not want to meddle in their fight.

"My dear friend," said the leader to the bat, "Come with us."

"I'll think about it," said the bat. It did not want to get involved because it felt cowardly.

The birds came by. They approached the bat. "Join us in our struggle," said the birds.

"I do not want to be part of the chaos," replied the bat.

The day of the battle came. No one won. Both the birds and land animals were of equal strength.

Eventually, the two groups reconciled with one another. They came up with a peace pact.

Meanwhile, no one wanted to be friends with the silent bat.

Kung Bakit Walang Kaibigan ang Paniki

Noong unang panahon, magkaaway ang mga ibon at ang mga hayop na nakatira lupa.

Nakita ng mga hayop ang paniki. Nakasabit ang paniki sa puno.

"Kaibigang paniki," ang sabi ng lider ng mga hayop, "Narinig mo ba na magkakaroon ng labanan ang mga ibon at ang mga hayop?"

Tahimik ang paniki. Ayaw niyang makialam.

"Kaibigang paniki," ang sabi ng lider, "Sumama ka sa amin."

"Pag-iisipan ko," ang sabi ng paniki. Ayaw niyang makisali dahil naduduwag siya.

Dumating ang mga ibon. Lumapit sila sa paniki. "Makibaka ka kasama namin," sabi ng mga ibon.

"Ayaw kong makigulo," sabi ng paniki.

Dumating ang araw ng labanan. Walang nanalo. Pantay ang lakas ng mga ibon at ng mga hayop sa lupa.

Pero nagkasundo ang dalawang grupo. Nagkaroon sila ng kasunduan sa kapayapaan.

Samantala, wala nang kaibigan ang tahimik na paniki.

Discussion Questions

1. How did you feel when a friend or family member asked you to take their side in an argument?
2. How open are you about expressing your opinion on people or topics like social or political issues?
3. Describe an instance when you had to mediate between two arguing friends.

Vocabulary

hayop   animal
ibon   bird
lupa   land
paniki   bat
makialam   to meddle
makisama   to join
nagkasundo   reached reconciliation and/or agreement
kaibigan   friend
tahimik   silent

kasunduan sa kapayapaan   peace treaty/pact
makibaka   (almost always followed by **huwag matakot**; the meaning is) "a call to action to a persisting fight toward justice and the collective struggle." **Makikibaka** is the "act of joining the struggle in unison with the collective."

Culture/Context Notes

The story is from Adelaida Figueras' Masters thesis "Iloko Folk Literature," submitted to the College of Arts and Letters at the University of the Philippines in 1977, p. 74. The story is among the tales collected in Damiana L. Eugenio' s book *Philippine Folk Literature: An Anthology*, first published by the Folklore Studies Program of the College of Arts and Sciences, University of the Philippines (UP) Diliman and the U.P. Folklorists, Inc. in 1982. The second edition of the book was published by the University of the Philippines Press in 2007.

It seems, however, that this story was derived from one of Aesop's Fables, "The Bat, Birds, and the Beasts." Having discovered this after further research, I realized that we need to remind ourselves of one of the inherent characteristics of oral literature—unreliability of source tracing. Figueras might have documented the tale from an informant and this might have been anthologized unchecked by Eugenio. Nevertheless, it is included here because it is an interesting tale which can be given a contemporary reading.

Comprehension Questions
1. What kinds of animals were fighting one another?
2. What was the bat's reaction to the upcoming battle?
3. What side did the bat pick?
4. Who won the battle?
5. What happened to the bat after the battle?

Grammar Focus
Study the use of the social affix **maki-**, used in the imperative/infinitive form. One word used in the story is **makisali**. Identify the two other words.

Write sentences using these three words.

Writing Activity
Write an animal tale.

Father

It is Tatay Bien's birthday.

There's a party for him being thrown by his family. My mother Shayne cooked paella, her special dish. My sibling Aya made a big streamer.

Everyone is very busy. A program is being organized by my siblings Sining and Tala. They are twins. Silay and Vencer placed decorations.

Silay is my sibling and Vencer is her husband. Aya is their *ate* because Aya is the eldest child in the family. The truth is, Tatay Bien is not my real father. He is just a father figure to me. My father passed away when I was only 12 years old.

But since today is his birthday, I will greet him, "Happy 75th birthday, Tatay Bien!"

Tatay

Kaarawan ni Tatay Bien ngayon.

May party para sa kanya ang pamilya. Nagluto ang nanay kong si Shayne ng paella, ang espesyal niyang putahe. Gumawa ng malaking streamer ang kapatid kong si Aya.

Abalang-abala ang lahat. Inaayos ang program ng mga kapatid kong sina Sining at Tala. Kambal sila. Naglalagay ng mga dekorasyon sina Silay at Vencer.

Kapatid ko si Silay at asawa niya ni Vencer. Ate nila si Aya, dahil si Aya ang panganay. Ang totoo, hindi ko totoong tatay si Bien. Tatay-tatayan ko lang siya. Namatay na ang tatay ko noong 12 taong gulang pa lang ako.

Pero ngayong araw na ito, babatiin ko siya, "Maligayang ika-75 na kaarawan, Tatay Bien!"

Discussion Questions

1. How often do you gather to celebrate as a family?
2. How do you address your father, mother, aunts, and uncles?
3. Besides your blood relatives, who are the people whom you consider as family?

Vocabulary

tatay father	**asawa** (gender neutral term for) husband or wife
kambal twins	
kapatid sibling	**abalang-abala** very busy
ate older sister	**kaarawan** birthday
panganay oldest sibling	
tatay-tatayan father figure	

Culture/Context Notes

Filipinos are bonded by strong family ties and this is clear in the way family members would address their elders or relatives who are older than them. This show of respect comes in the form of a kinship name preceded by one's personal name. Kinship names are defined according to generation (a grandparent or great grandparent, for instance); age (whether one is older or younger than the subject); and gender (whether one is a female parent or a male parent, for instance). It is also determined by blood relations or consanguinity between people.

Besides the Spanish and American influences in the Filipino culture, the presence of Chinese traders during pre-Hispanic times also has contributed to the language. In particular, kinship names like **ate** ("older sister"); **kuya** ("older brother"); **diko** ("second older brother"); **ditse** ("second older sister"), and the like originated from the Chinese language.

Comprehension Questions
1. How many siblings does the storyteller have?
2. Who is the oldest sibling in the family?
3. Can Sining, Tala, and Aya refer to Vencer as *Kuya*? Why or why not?
4. What is the relationship between Tatay Bien and the storyteller?
5. How old was the author when her father died?

Grammar Focus
Mag- and **um-** affixes are used for verbs when the focus is on the actor while the **in-** affix is used when the focus is on the object. What verbs using **mag-**, **um-** and **in-** are used in the passage?

Practice changing the focus of the sentence from the actor to the object. An example is provided.

1. **Nagluto** ang nanay kong si Shayne ng paella. → Paella ang **niluto** ng nanay kong si Shayne.

2. Gumawa ng malaking streamer ang kapatid kong si Aya. →

3. Naglalagay ng mga dekorasyon sina Silay at Vencer. →

Writing Activity
Name and describe someone who is like a father or mother figure to you.

The Legend of the Guava

Once upon a time, there was a king. The king lived in a large palace. There were many fruit trees in the backyard of the palace, but the king did not want to give the fruits to anyone. The fruits were his; no one else was to eat them.

One day, the king was standing on the balcony of the palace. He saw the birds eating the fruits of the tree. He told his soldiers, "Get rid of the birds." The soldiers did not want to because they liked the birds. But they did what the king said.

Some days later, the king was in the same garden. A young coconut fell from a coconut tree. After that, no one ever saw the king.

Soon after the disappearance of the king, the people saw a tree. The fruits of the tree were small, green, and they each had a crown. The people named the fruit guava (*bayabas*).

Alamat ng Bayabas

Noong unang panahon, may isang hari. Nakatira ang hari sa malaking pa-lasyo. Maraming puno ng mga prutas sa bakuran ng palasyo, pero ayaw ng hari na ibigay ang prutas sa ibang tao. Kanya ang mga prutas; walang ibang tao na kumakain ng mga ito.

Isang araw, nakatayo ang hari sa balkonahe ng palasyo. Nakita niya ang mga ibon at kumakain sila ng mga prutas ng puno. Sabi niya sa mga sundalo, "Paalisin ninyo ang mga ibon!" Ayaw ng mga sundalo dahil gusto nila ang mga ibon. Pero ginawa nila ang sinabi ng hari.

Isang araw, nasa hardin ang hari. Nahulog ang isang buko mula sa puno ng niyog. Wala nang nakakita sa hari.

Isang araw, nakita ng mga tao ang isang puno. May mga prutas ang puno. Maliit at kulay berde ang prutas, at may korona ito. Bayabas ang ibinigay nilang pangalan sa prutas.

Discussion Questions

1. What are your favorite fruits?
2. Which favorite food won't you share with other people?
3. How generous are you about sharing things like personal items with friends?

Vocabulary

alamat legend
hari king
palasyo palace
noong unang panahon once upon a time (literally, in the beginning of time)
isang araw one day
korona crown
ibinigay gave

nang contracted form of **na** (used to mean "already") and **na** (used as the relative pronoun "who")
sundalo soldiers
sinabi said
nahulog dropped
mula from

Culture/Context Notes

Guavas (*psidium guajava*) are called **bayabas** in Filipino and are popularly grown in many backyards, not only because the fruit is rich in vitamins A and C, but also because the leaves, when boiled, are used for wounds and cuts, toothaches, diarrhea, and nosebleeds.

This rewritten legend is among the many legends and myths compiled by Damiana Eugenio in the book *The Myths*, Volume II of the Philippine Literature series. There are many versions of this legend, and this seems to be a later version, influenced by the Spanish colonial period and popular metrical romances because the indigenous Filipinos did not have a monarchy system.

Comprehension Questions

1. Where did the king live?
2. Who owned the fruits?
3. Where was the king standing?
4. Why were the soldiers reluctant to follow the king's orders?
5. What fell from the tree?
6. What was the color of the fruit?
7. What name did they give to the fruit?

Grammar Focus

Study one of the uses of the prefix **naka-**, which is used here to mean a "state." An example is:

Nakatira ang hari sa malaking palasyo.

Find one other word, using the prefix **naka-**.
Write two sentences with the verbs identified in the story using the **naka-** prefix.

Writing Activity

Write your own tale about a fruit.

Snake

There is an urban legend in Manila. It is said that there is a snake inside the fitting rooms of a department store.

I was so scared inside the fitting room. I was trying on different red clothes. Next week would be Valentine's Day and I wanted to wear the dress when Mark and would go on our date.

Dress 1: Strapless, form fitting. Too bad, it's too tight.

Dress 2: Plunging neckline. Has a black belt. Too bad, it's also very short.

Dress 3: One shoulder, interesting design. It fit me well.

I was leaving the fitting room when I saw her. My husband's ex-girlfriend. The woman who still called him on the phone. The woman still invited him for coffee or lunch. What did it mean to be "just friends"? *Tse. Tse. Tse.*

"Hello Denise, it's you!"

"Vicky! How are you?"

Tupperware. Orocan. In other words, plastic moment. If not, she would have been bitten by my jealousy.

Ahas

May urban legend sa Maynila. Mayroon daw ahas sa loob ng fitting rooms ng isang department store.

Takot na takot ako sa loob ng fitting room. Sinusukat ko ang iba't ibang pulang damit. Valentine's Day na sa susunod na linggo at gusto kong isuot ang bestida sa date namin ni Mark.

Bestida no. 1. Strapless, form fitting. Sayang, masyadong masikip.
Bestida no. 2. Plunging neckline. May itim na sinturon. Sayang, napakaiksi naman.
Bestida no. 3. One-shoulder. Interesante ang disenyo. At kasyang-kasya sa akin.

Lumalabas na ako sa fitting room nang makita ko siya. Ang ex-girlfriend ng asawa ko. Ang babaeng tumatawag pa rin sa kanya sa telepono. Ang babaeng nag-iimbita sa kanya para magkape o kumain ng tanghalian. Ano bang "friends-friends" lang? Tse. Tse. Tse.

"Hello. Denise, ikaw pala!"

"Vicky! Kumusta?"

Tupperware. Orocan. In other words, plastic moment. Kung hindi, matutuklaw siya ng pagseselos ko.

Discussion Questions

1. What urban legends do you know?
2. How do you celebrate Valentine's Day?
3. When buying clothes, how long does it take you to choose the one you like?

Culture/Context Notes

This story is created out of a popular urban legend, that of a snake that is said to be the twin of a woman. The snake apparently lives in a basement of a department store, and there is a trapdoor in each fitting room. Each trapdoor is connected to that basement occupied by the snake. There had also been rumors of sales clerks vanishing and of movie stars being victims of the snake.

In the article "The Snake-Twins of the Philippines: Observations on the Alter-ego Complex," originally written in German and translated into English for *Philippine Quarterly of Culture and Society*, 1988, Ebermut Rudolf looks into fifteen **kambal-ahas** or twin snake cases and motifs. Among these motifs are: snake-twinship with magic fairytale features, a snake follows its human twin over long distances, a child born with two snakes, and the snake-birth causes social isolation. In his summary, Rudolf states: "One finds all over the Philippines the phenomenon of an alter-ego system, which is also known in other cultures and areas of religious history, a system in which a certain human being stands in special relation to a certain animal."

Comprehension Questions:
1. Where did this urban legend take place?
2. What color was the dress that was finally chosen by the narrator?
3. What was the occasion the dress would be used for?
4. Who did she see outside the fitting room?
5. What did the ex-girlfriend invite the narrator's husband to do?

Grammar Focus

Study how the linker **na** is used as a relative pronoun, by pairing it with a noun (**babae** + **na** = **babaeng**) and using it to link a phrase to a noun. An English translation is provided to further illustrate the use of **na** as a relative pronoun.

Ang **babae na** tumatawag pa rin sa kanya sa telepono. →
Ang babaeng tumatawag pa rin sa kanya sa telepono.
The woman who still calls him on the phone.

Identify one other sentence that is similarly constructed. Then, write your own sentence using **na**.

Writing Activity

Describe a favorite piece of clothing, using adjectives for color, size, and features.

Why the Sky Is High

In ancient times, there was only one man and one woman in the world. One day, they had a deer for a meal that was brought home by the man from the hunt.

The deer's bones were large. They wanted to eat the bone marrow so they thought of cracking its bones.

The woman took off her comb and necklace, and hung it on the low sky. But every time she pounded the bones, the pestle would always hit the sky.

She asked the sky to rise. There was thunder, and the sky rose. But the pestle would still hit the sky.

Again, the woman asked the sky to rise. There were thunderstorms and the sky rose again.

It happened over and over again. Until the sky was at its highest.

And the woman remembered her comb and the necklace.

In the sky, at night, you can see the comb-shaped moon and the necklace of stars.

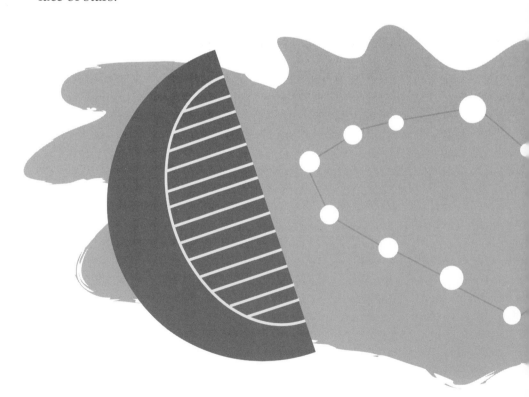

Kung Bakit Mataas ang Langit

Noong unang panahon, isang lalaki at isang babae lang ang mga tao sa mundo. Isang araw, kumain sila ng usa na dala ng lalaki mula sa pangangaso.

Napakalaki ng buto ng usa. Gusto nilang kainin ang utak sa buto, kaya naisip nilang pukpukin ang mga buto.

Tinanggal ng babae ang kanyang suklay at kuwintas, at isinabit ito sa mababang langit. Pero sa tuwing magbabayo siya ng mga buto, palagi niyang natatamaan ang langit.

Hiniling niya sa langit na tumaas. Kumulog, at tumaas ang langit. Pero natatamaan pa rin ng pambayo ang langit.

Muli, hiniling ng babae sa langit na tumaas. Kumulog muli, at tumaas muli ang langit.

Paulit-ulit, paulit-ulit. Hanggang sa napakataas na ng langit.

At natandaan ng babae ang suklay at ang kuwintas.

Sa langit, sa gabi, makikita ang hugis suklay na buwan at ang kuwintas ng mga bituin.

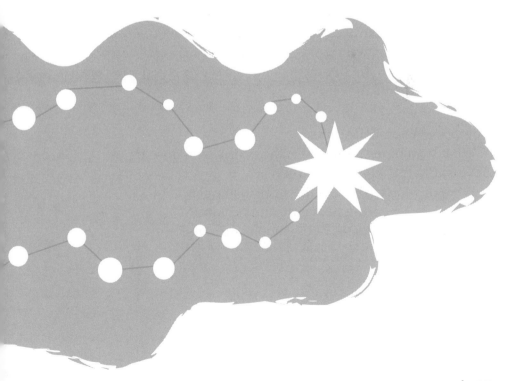

Discussion Questions
1. What are your favorite outdoor activities?
2. How do you feel when you gaze at the sky at night?
3. How many formations from the constellation can you name?

Vocabulary

lalaki	man	**utak**	brain
babae	woman	**suklay**	comb
mundo	world	**kuwintas**	necklace
pangangaso	hunting	**langit**	sky/heaven
usa	deer		

Culture/Context Notes
The story comes from Adelaida A. Figueras' "Iloko Folk Literature" (M.A. Thesis, University of the Philippines, October 1977, pp. 17–20) and is found in Damiana Eugenio's book, *Philippine Folk Literature*, pp. 104–105. The legend is one of the many indigenous myths on the creation of the world.

A similar legend is the Panay legend "Tungkung Langit and Alunsina," also found in Eugenio's book. In this legend, Tungkung Langit drove his wife away in a rage, and missing her later, threw her jewels to the sky. Like in the Ilocano legend, the wife's comb and necklace also became the moon and stars.

Comprehension Questions
1. What kind of meat did the man and the woman eat?
2. What did the woman take off?
3. What did she wish from the skies to happen?
4. Where did she hang her comb and necklace?
5. What were the shapes of the moon and stars?

Grammar Focus

In this story, study how the root word **kain** ("eat") is used with the prefixes **um-** and **in-**, depending on the focus of the sentence.

Actor Focus, completed aspect (**um-** before the first vowel + **kain** = **kumain**)

Isang araw, **kumain** sila ng usa na dala ng lalaki mula sa pangangaso.

Object Focus, imperative/infinitive form (**kain** + **in** = **kainin**).

Gusto nilang **kainin** ang utak sa buto.

Answer the following question by completing the sentences.

Question: Ano ang gusto mong kainin?
Answer 1: _____ ang gusto kong _____.
Answer 2: Gusto kong _____ ng _____.

Writing Activity

Create your own tale about the moon and stars.

The Woman Who Feeds Birds

Feeding birds is a hobby of this woman. From her desk where she writes, she waits for the birds.

On early mornings, she puts a mix of bird seeds at the deck. These are the contents of the bird seed mix: sunflower seeds, safflower seeds, nyjer seed, millet or grass seed, and cracked corn. In other words, basically different seeds and corn.

The squirrel enters the scene. It's annoying, she says, it might take all the bird seeds. But she couldn't turn the poor squirrel away.

The bluejays are the first to arrive. Of course, they're blue, that's why they are called bluejays. Sunflower seeds are their favorite. Then come the brown-colored birds. She doesn't know their name. Can they be sparrows or, in the Philippines, *maya* birds? Lastly, the one that she has been waiting for…the cardinal. So very red.

Later, while she is cooking, she plays on her iphone the song "Bayan Ko (My Homeland)." Correct. Even birds must be free to fly.

Her homeland is so far away. The struggle is taking a long time. The red Cardinal bird is so beautiful.

Ang Babaeng Nagpapakain sa mga Ibon

Pagpapakain sa mga ibon ang libangan ng babae. Mula sa mesa kung saan siya nagsusulat, hinihintay niya ang mga ibon.

Maaga pa lang, inilalagay na niya sa deck ang pagkain ng mga ibon. Ito ang laman ng bird seed mix: buto ng sunflower, safflower, nyjer, millet o grass, cracked corn. Samakatuwid, iba't ibang buto at mais.

Pasok sa eksena ang squirrel. Nakakainis, sabi niya, baka maubos na ang bird seeds. Hindi naman niya maitaboy. Kawawa naman.

Unang dumating ang bluejays. Siyempre, kulay asul, kaya nga bluejay ang pangalan. Paborito ng mga ito ang sunflower seeds. Pagkatapos dumating naman ang maraming kulay brown na ibon. Hindi niya alam ang pangalan ng mga ito. Hindi kaya sparrow o sa Pilipinas ay maya? At ang pinakahihintay niya... ang kardinal. Pulang-pula.

Mamaya, habang nagluluto, patutugtugin niya sa iPhone niya ang kanta na "Bayan ko." Tama. Ibon mang kay layang lumipad.

Kay layo ng bayan niya. Kay haba ng pakikibaka. Kay ganda ng pulang Kardinal.

Discussion Questions

1. Where do you write at home?
2. What are your favorite birds?
3. What adjectives would you use to describe your home?

Vocabulary

ibon	bird	**pula**	red
babae	woman	**bayan**	hometown; homeland; nation
sulat	write	**mamaya**	later
buto	seed; bone	**lumipad**	fly
mais	corn	**pakikibaka**	struggle

Culture/Context Notes

"Bayan Ko" is a well-known patriotic song in the Philippines. It was originally written in Spanish by the revolutionary general Jose Alejandrino and translated into Filipino 30 years later by the poet Jose Corazon de Jesus. It is considered as the unofficial second national anthem of the Philippines because of its historical significance. It was sung by Hukbalahap guerrillas during the Japanese Occupation, by activists during the First Quarter Storm (late 1960s to early 1970s) and by rally participants and even popular singers like Freddie Aguilar during Martial Law and the presidency of Ferdinand Marcos (1972–1986).

The song talks about one's homeland as a beautiful place but one that has been conquered by foreigners. The song compares one's hometown or homeland to a bird that must be free to fly and suffers when it is caged. How much more one's homeland, the song expresses, when it has been made captive? It is one's dream, the song continues, to see one's homeland as totally free and independent.

Comprehension Questions

1. What are some of the things the writer does from her seat?
2. What does she put on the deck?
3. What are the seeds in the mix?
4. How many types of birds come to feed on her deck?
5. What is the title of the song she plays when she cooks?

Grammar Focus

Review the use of the **in-** affix used when the focus is on the object of the sentence. For example:

Maaga pa lang, **inilalagay** na niya sa deck ang pagkain ng mga ibon.

When we conjugate the root word **lagay** ("put") using the **in-** affix, this results in the following: **inilagay** (completed), **inilalagay** (incompleted), and **ilalagay** (contemplated). Note, however, that in spoken Filipino, it is common not to enunciate the first syllable "**i**," thus people tend to just say **nilagay**.

Complete the conjugation of the following root words:

1. sakay (to ride)	isinakay	_____	isasakay
2. benta (sell)	_____	ibinibenta	ibebenta
3. taas (raise)	itinaas	itinataas	_____

Writing Activity

Describe your favorite place for writing.

Juan Tamad and the Rice Cakes

One day, Juan's mother woke him up. His mother cooked rice cakes and she wanted Juan to sell them at the town center.

Juan started walking toward the town center. The sun was hot. The town is far from their barrio. The basket was heavy with rice cakes.

That's why Juan would rest once in a while. He sat under the bamboo tree. He soaked his feet in the river. He ate some of the rice cakes. He didn't notice that it was almost sunset.

"Kokak, kokak," said the frogs in the rice fields.

"Okay, okay," said Juan, "I will come back to get the payment next week." And he threw the rice cakes at the frogs.

"Kokak, kokak," said the frogs.

At home, Juan told his mother, "I sold all the rice cakes. The payment will be next week."

After one week, no payment came. Another week came. Still, there was no payment. Juan's mother was very angry. "Let's go to those who bought the rice cakes," she said.

They went to the rice fields. "Here they are," said Juan.

"Kokak, kokak," said the frogs.

Si Juan Tamad at ang mga Bibingka

Isang araw, ginising si Juan ng nanay niya. Nagluto ng bibingka ang nanay niya at gusto nito na ibenta ni Juan ang mga bibingka sa bayan.

Nagsimula si Juan na maglakad papunta sa bayan. Mainit ang araw. Malayo ang bayan mula sa kanilang nayon. Mabigat ang bilao ng mga bibingka.

Kaya naman, nagpapahinga si Juan paminsan-minsan. Umupo siya sa ilalim ng mga puno ng kawayan. Binabad niya ang paa niya sa ilog. Kumain siya ng bibingka. Hindi napansin ni Juan, malapit na ang dapithapon.

"Kokak, kokak," ang sabi ng mga palaka sa palayan.

"Sige, sige," ang sabi ni Juan, "babalikan ko ang bayad sa susunod na linggo." At inihagis niya sa mga palaka ang mga bibingka.

"Kokak, kokak," ang sabi ng mga palaka.

Sa bahay, ang sabi ni Juan sa nanay niya, "Nabenta ko ang lahat ng bibingka. Sa susunod na linggo ang bayad."

Pagkatapos ng isang linggo, walang bayad na dumating. Isa pang linggo. Wala pa ring bayad. Galit na ang nanay ni Juan. "Pumunta tayo sa mga bumili ng bibingka," ang sabi niya.

Pumunta sila sa palayan. "Heto sila, Nanay," ang sabi ni Juan.

"Kokak, kokak," ang sabi ng mga palaka.

Discussion Questions

1. How would you like to live in a farm?
2. Growing up, what chores were you asked to do?
3. What are some excuses that you've heard from others about why a chore or task hasn't been done?

Vocabulary

bibingka   rice cakes

tamad   lazy

bilao   a flat woven basket used for winnowing rice but can also be used for carrying or serving food

dapithapon   sunset

mainit   hot

palaka   frog

malayo   far

mabigat   heavy

binabad   soaked

maglakad   to walk

kaya naman   because of this

Culture/Context Notes

Juan Tamad is a popular character in Filipino folklore. Just as his name suggests, he is the epitome of laziness and stories about his antics that border on silliness and hilarity. "Si Juan Tamad at ang mga Bibingka" is a very popular story about the character.

Juan Tamad stories figure in the discourse on laziness/work ethics. Interesting readings on this are Jose Rizal's "The Indolence of the Filipinos" (originally published in Spanish as "Sobre la indolencia de los Filipinos"), in the magazine, *La Solidaridad,* 1890, and contemporary articles on "Noynoying," questioning former President Noynoy Aquino's inaction as a leader.

The source of this particular story is "Stories of Juan Tamad" by Manuel and Lyd Arguilla, published by Alberto S. Florentino (Manila, 1965). Illustrations are by J. Elizalde Navarro.

According to editor Linda Bulong, Manuel Arguilla is an Ilocano. The word **"kokak"** may have been influenced by the Ilocano word *kukuak,* which means, "mine."

Comprehension Questions

1. What task did Juan's mother want him to do?
2. Did Juan go to the town center?
3. Where did he sit to refresh himself from the heat?
4. To whom did he sell the rice cakes?
5. What did his mother feel after weeks of not receiving any payment?

Grammar Focus

Identify the three adjectives in the second paragraph of the story. What is the common prefix for these adjectives?

Write simple sentences using these adjectives.

Writing Activity

Share your thoughts on the importance of diligence and hard work.

My Friend the Cat

Sunny is the name of our beautiful cat. It loves to bask under the sun. It's always outside of the apartment buildings in Victory Village.

There are 24 apartments in Victory Village. The resident in Apartment 5 said: "Sunny is my cat." So the tenant placed a big collar around Sunny.

The resident in Apartment 12 got annoyed by this. That tenant told me, "Sunny is really my cat." That person placed an even bigger collar around Sunny.

I don't know who owns Sunny. People living in the apartment complex just give food to Sunny. Sometimes, the cat is inside Apartment 12. Sometimes, it's under the car in the parking lot. Sometimes, on the grass.

Every week, I buy cat food for Sunny. It likes the "meaty bits" kind. I don't own Sunny but Sunny is my friend.

Ang Kaibigan Kong Pusa

Sunny ang pangalan ng aming magandang pusa. Gusto niya kasi ang araw. Lagi siyang nasa labas ng mga apartment ng Victory Village.

Mayroong 24 apartment sa Victory Village. Sabi ng nakatira sa Apartment 5: "Pusa ko si Sunny." Kaya nilagyan niya ng collar si Sunny.

Nainis ang nakatira sa Apartment 12. Sabi niya sa akin, "Pusa ko talaga si Sunny." Nilagyan niya ng mas malaking collar si Sunny.

Hindi ko alam kung kaninong pusa si Sunny. Binibigyan siya ng pagkain ng iba't ibang apartment. Kung minsan, nasa loob siya ng Apartment 12. Kung minsan, nasa ilalim ng kotse sa parking lot. Kung minsan, nasa damuhan.

Linggo-linggo, bumibili ako ng cat food para kay Sunny. Gustong-gusto niya ang cat food na "meaty bits." Hindi ko pusa si Sunny, pero kaibigan ko siya.

Discussion Questions

1. What is your pet and what is its name?
2. What are the things you do to take care of your pet?
3. What do you enjoy most about having a pet?

Culture/Context Notes

Like Sunny, there are hundreds of community cats and dogs at the University of the Philippines (UP) Diliman. The article entitled "Utak at Pusa: The Cats and Dogs of UP Diliman" written by Celeste Ann Castillo Llaeta and published in the UP Forum website notes the establishment of groups such as Friends of Campus Animals (FOCA UP) on campus, which recognizes that these cats and dogs have a therapeutic effect on community members and sometimes serve as companions for staff and security guards. Members of such groups have been active in campaigns to humanely trap, neuter, vaccinate, and return the cats.

The article also features photographs of the campus's popular cats: (a) three "stressbusters" of the UP College of Mass Communications (CMC), wearing colorful collars; (b) Snowbell, who has become the unofficial mascot of the UP Integrated School Practical Arts Pavilion with her Twitter account, UPISSnowbell@pusaaa; and (c) Kitkat, the matriarch of the UP CMC resident cats.

pangalan name	**nilagyan** placed
pusa cat	**nasa loob** inside
orasan clock	**nasa ilalim** under
nasa labas outside	**nasa damuhan** on the grass
nakatira resident	**linggo-linggo** every week

Comprehension Questions

1. Where can you usually find Sunny?
2. Name at least two places where Sunny usually hangs out.
3. What kind of cat food does Sunny like?

Grammar Focus

The preposition **nasa**, when paired with another word, makes the location clearer. For example:

Nasa apartment siya. (He/she is in the apartment).

Lagi siyang **nasa labas** ng mga apartment ng Victory Village. (He/she is always outside the Victory Village apartments.)
Nasa loob siya ng apartment. (He/she is inside the apartment.)

Identify the other words used with **nasa** and write down their meaning. Then write at least three sentences using these prepositional phrases.

Writing Activity

Rewrite the story from the point of view of the cat.

Journey

From his house, Jose rode a tricycle to Philcoa. He was going to the airport.

There were jeepneys at Philcoa going to Quezon Boulevard. From Quezon Boulevard, he took a train to Pasay, after which, he again took a jeepney. From the street, he walked to Ninoy Aquino International Airport.

That morning, his mother boarded a plane from Hong Kong. His mother worked there. She was a domestic worker.

Jose was standing in the airport. His mother would arrive soon. He was so happy because they would finally be together after a year.

Biyahe

Mula sa bahay niya, sumakay si Jose ng traysikel papunta sa Philcoa. Pupunta siya sa airport.

May mga dyipni sa Philcoa na papunta sa Quezon Boulevard. Mula sa Quezon Boulevard, sumakay siya ng tren papuntang Pasay, at pagkatapos, sumakay na naman siya ng dyipni. Mula sa kalye, naglakad siya papuntang Ninoy Aquino International Airport.

Kaninang umaga, sumakay ang nanay niya ng eroplano mula sa Hong Kong. Nagtatrabaho roon ang nanay niya. Isa itong "domestic worker."

Nakatayo na si Jose sa airport. Malapit nang dumating ang nanay niya. Masayang-masaya siya dahil sa wakas, magkasama na sila matapos ang isang taon.

Discussion Questions

1. How do you get to the airport from your place?
2. Who among your family members live and work overseas?
3. How do you keep in touch with family members who are far from where you live?

Vocabulary

bahay	house	**eroplano**	airplane
traysikel	tricycle	**nagtratrabaho**	works
dyipni	jeepney	**na naman**	again
naglakad	walked	**kaninang umaga**	this morning
sumakay	rode	**masayang-masaya**	very happy

Culture/Context Notes

According to data from the Philippine Statistics Authority, there are around 5.9 million overseas Filipino workers in Hong Kong. Many of them are women working as domestic workers.

Here are three academic articles that may be of interest to those who want to read more on Filipina domestic workers: 1) "Sexuality and Discipline among Filipina Domestic Workers in Hong Kong" by Nicole Constable published in *American Ethnologist*, Vol. 24, No. 3 (August 1997), pp. 539–58; 2) "Transnationalism and the Politics of 'Home' for Philippine Domestic Workers" by Pauline Gardiner Barber in *Anthropologica*, Vol. 39, No. 1/2 (1997), pp. 39–52; and 3) "Migrant Unionism in Hong Kong: A Case Study of Experiences of Foreign Domestic Workers in Union Organizing" by the Asia Pacific Mission for Migrants, published in the book *Just Work?*, by Pluto Press (2016).

Comprehension Questions
1. How did Jose get to Philcoa?
2. Where did he take the train?
3. Where was the train going?
4. Who took an airplane?
5. How did he feel about his mother's arrival?

Grammar Focus
Many Tagalog language learners get confused with the words **pupunta** ("will go") and **papunta** ("going to").

Study the first two sentences in the story. Pay attention to the use of the preposition **sa** in the first sentence and the actor or doer of the action **siya** in the second sentence.

Mula sa bahay niya, sumakay si Jose ng traysikel **papunta** sa Philcoa.
Pupunta siya sa airport.

Then, identify the other sentences using **papunta** in the story. Note that **papunta** is followed interchangeably by either the linker **na** (contracted into **papuntang, papunta + na = papuntang**) or **sa**.

Finally, complete the following sentences using either **papunta** or **pupunta**.

1. _____ ako sa bangko mamaya.
2. Sasakay ako ng eroplano _____ sa Pilipinas.
3. Naglakad ako _____ sa museo.
4. Kailan ka _____ sa ospital?

Writing Activity
Describe your experience while waiting in an airport.

The Adarna Bird

King Fernando, the King of Berbanya, had been sick. Supposedly, the cure to his illness was the *adarna* bird that lived in the forest.

The king had three sons and they all wanted him to get well. The first one to go to the forest was Pedro. He got tired and rested under a tree. The *adarna* bird sang and Pedro fell asleep. After that, the droppings of the bird fell onto him and Pedro turned into stone.

The second son, Diego, also left home. But again, he rested; the bird sang; and Diego fell asleep. He also turned into stone.

Finally, Juan also left home. He saw a hermit. He gave the latter food. The hermit pointed out to him where the *adarna* bird could be found. The old man gave him a dagger, calamansi, rope, and water.

When the bird sang, Juan cut his skin and squeezed calamansi juice on the cut so he wouldn't sleep. Afterwards, he caught the bird. He poured water on his siblings. They all went home and the king was healed by the *adarna* bird.

Ang Ibong Adarna

May sakit si Haring Fernando, ang Hari ng Berbanya. Ang gamot daw sa sakit niya ay ang ibong adarna na nakatira sa gubat.

Tatlo ang anak ng hari at gusto nilang gumaling ito. Unang pumunta sa gubat si Pedro. Napagod siya at nagpahinga siya sa ilalim ng puno. Umawit ang ibong adarna at nakatulog si Pedro. Pagkatapos, nahulog ang dumi ng ibon at naging bato si Pedro.

Umalis din ang ikalawang anak ng hari na si Diego. Pero muli, nagpahinga siya, umawit ang ibon, at nakatulog si Diego. Naging bato rin siya.

Sa huli, umalis si Juan. May nakita siyang ermitanyo. Binigyan niya ito ng pagkain. Itinuro ng ermitanyo sa kanya kung nasaan ang ibong adarna. Binigyan siya nito ng kutsilyo at kalamansi, lubid, at tubig.

Nang umawit ang ibon, hiniwa ni Juan ang balat at nagpiga ng kalamansi para hindi siya matulog. Pagkatapos, hinuli niya ang ibon. Binuhos niya ang tubig sa mga kapatid niya. Umuwi sila at gumaling ang hari dahil sa ibong adarna.

Discussion Questions

1. How do you take care of your parents or family members when they get sick?
2. What is your favorite bird? Why?
3. Besides seeing a medical doctor when you're sick, what are other healing therapies that you practice?

Culture/Context Notes

This is a short version of a metrical tale that became popular during the Spanish colonial period. There are two kinds of metrical romances in the Philippines, the *awit* and the *corrido*, both of which were derived from the metrical romances of Spain. Written in narrative poetry, these metrical romances were set in Europe in the Middle Ages and spoke of the adventures of princes and princesses as well as the conflict between the Christians and Moors.

In Francisco Benitez's "Ang Mga Pinagdaanang Buhay ng Ibong Adarna (The Lives Lived by the *Adarna* Bird): Narrativity and Ideology" in the *Adarna*'s Corrido and Filmic Versions" (*Kritika Kultura* 10 2008: 005-040222.ateneo.edu/kritikakultura), the author argues that the adarna bird can be seen as "the illusory promise of the colonial order and an aesthetic that anesthesizes us to structures of oppression and separation of alienation and anomie." Rejecting the more didactic reading that Ibong Adarna is a story that merely teaches kindness, Benitez emphasizes that "the light of freedom and truth is given then only to those who suffer pain, to those on whose bodies are cut, and in whose wounds moreover, drops of lime keeps awake the mark of awareness of the world around them. Thus, alongside historical accounts of the 1896 revolution and Emilio Jacinto's "Liwanag at Dilim," Ibong Adarna can be read by contemporary readers as a radical text.

Vocabulary

ibon	bird	**kalamansi**	Philippine lemon
hari	king	**lubid**	rope
dumi	manure; poop; droppings	**hinuli**	caught
bato	stone	**binuhos**	poured (usually used for liquids)
ermitanyo	hermit		
kutsilyo	knife		

Comprehension Questions

1. Who was the king of Berbanya?
2. What was the cure to the king's illness?
3. How many sons did the king have?
4. What did Diego become when he left?
5. What did Juan do that allowed him to capture the bird?

Grammar Focus

Study how the word **binigyan** ("gave") is formed using the **in-** and **-an** affixes with the root word **bigay** ("give"). These affixes are used when the focus is on the direction of the action. In the following sentences, the direction of the action is underlined.

Binigyan niya <u>ito</u> ng pagkain.
Binigyan <u>siya</u> nito ng kutsilyo at kalamansi, lubid, at tubig.

Change the focus of the following sentences by using **in-** and **-an** affixes. An example is provided.

1. **Nagluto** <u>ako</u> ng sopas para sa kapatid ko. → **Nilutuan** ko ng sopas <u>ang kapatid ko</u>.
2. Bumili si Sandy ng regalo para sa nanay niya. →
3. Nagdala siya ng pagkain para sa may sakit. →
4. Gumawa siya ng painting para kay Shirley. →

Writing Activity

Create a tale about a mythical bird and give it a name as well.

Going to Sagada

Travel time from Manila to Banaue is twelve hours, two hours from Banaue to Bontoc, and forty minutes from Bontoc to Sagada.

There are people who prefer trips from Manila to Baguio, and Baguio to Sagada. However, Lillian prefers to take the bus to Banaue. The scenery is more beautiful—she sees the mountains, the rice terraces, the rivers and the waterfalls.

Lillian is sitting in the bus station. Since the bus leaves at ten o'clock, she arrived at the bus station at nine-thirty. She is waiting Ramon, her boyfriend.

It's already nine forty-five. Does Ramon have an emergency meeting? Why isn't he answering his phone? Could he have met an accident?

Four days, three nights. This is her only "vacation leave." She had planned everything. They will go to the cave, the waterfalls, and the "hanging coffins." They will have a picnic on a hill. They will go hiking up the mountains. How beautiful. She (thinks she) looks like Hilda Koronel in the vintage 70s film *"Kung Mangarap Ka't Magising (If You Dream, and Then Wake Up)."*

Five minutes before ten o'clock in the evening. The bus is about to leave. Never mind. I will still go to Sagada, Lillian told herself. It's fine. It's just irritating to wait.

Ramon is running. Lillian just smiled. Then, she thought, It's okay. It's just irritating to wait.

Papuntang Sagada

Labindalawang oras ang biyahe mula Maynila hanggang Banaue, dalawang oras mula Banaue hanggang Bontoc, at apatnapu't limang minuto mula Bontoc hanggang Sagada.

May mga tao na mas gusto ang biyahe na Maynila hanggang Baguio, at Baguio hanggang Sagada. Pero mas gusto ni Lillian na sumakay ng bus papuntang Banaue. Mas maganda kasi ang mga tanawin—nakikita niya ang mga bundok, ang rice terraces, ang mga ilog at mga talon.

Nakaupo si Lillian sa istasyon ng bus. Dahil alas-diyes ang alis ng bus, dumating siya sa istasyon ng alas-nuwebe y medya. Hinihintay niya ang nobyo niyang si Ramon.

Alas-nuwebe kwarenta y singko na. May emergency meeting kaya si Ramon? Bakit hindi siya sumasagot sa telepono? Naaksidente kaya siya?

Apat na araw, tatlong gabi. Ito lang ang "vacation leave" niya. Naplano na niya ang lahat. Pupunta sila sa mga kuweba, sa mga talon, sa mga "hanging coffins." Magpi-picnic sila sa burol. Magha-hiking sila sa bundok. Ang ganda. Sa tingin niya, kamukha niya si Hilda Koronel sa vintage 1970s na pelikulang "Kung Mangarap Ka't Magising (If You Dream, and Then Wake Up)."

Limang minuto bago mag-alas-diyes ng gabi. Aalis na ang bus. Hindi bale. Pupunta pa rin ako sa Sagada, sabi ni Lillian sa sarili. Okay naman. Nakakainis lang ang naghihintay.

Tumatakbo si Ramon. Ngumiti si Lillian. Pagkatapos, naisip niya. Okay naman. Nakakainis lang ang naghihintay.

Discussion Questions

1. How punctual are you?
2. Which would you rather do: travel with a companion, travel with a group, or travel alone?
3. Are you a well-organized traveler or do you prefer to do things at the spur of the moment?

Vocabulary

burol hill	**ngumiti** smiled
kamukha looks like	**pelikula** movie
kasi because	**sarili** self
kuweba cave	**tanawin** view
naisip thought	**talon** waterfalls
nakakainis irritating	**pagkatapos** afterwards
naplano planned	

Culture/Context Notes

Sagada is a town in the Cordillera mountains in Northern Philippines. It is famous for its hanging coffins, the traditional burial practice of the people. Visitors also go to Sagada for its serene beauty, cool climate, caves, rice terraces, hiking trails, museum, and food.

The story makes reference to the film *Kung Mangarap Ka't Magising (If You Dream, and Then Wake Up)*, 1977, written by Rey Santayana and Mike de Leon, directed by Mike de Leon, and released overseas as *Moments in a Stolen Dream*. Although most shots were taken in Baguio, the film's most romantic moments were filmed in Sagada.

Comprehension Questions

1. How many hours does it take to go from Manila to Banaue?
2. What mode of transportation does Lillian prefer to go to Banaue?
3. What are some expected scenes on the way to Banaue?
4. Who is Lillian's boyfriend?
5. What are they going to do in Banaue?
6. Who does Lillian imagine to be her look-alike?

Grammar Focus

Study how English words can be used in Filipino by attaching the prefix **mag-**. For example,

mag- + first syllable of root word **"pi"** + picnic = **magpi-picnic**.

Can you find one other English word in the Tagalog version of the story?

Now, transform the following English words by adding the prefix **nag-** in order to form a verb in the completed aspect. Note that these words have been incorporated because there are no equivalents in Filipino. For example, no one goes snowboarding in the Philippines because there is no snow, and words related to computers and technology are new and borrowed. An example is provided.

1. snowboarding → **nag-snowboarding**
2. log-in
3. skiing
4. reboot
5. scuba diving

Writing Activity

Relate an experience while waiting at the airport, port, or bus station and while you're on a long trip.

Suspicion

It was the wedding anniversary of Norma and Francis. As usual, one dozen roses arrived at Norma's office.

And everyone was envious. Many of her colleagues believe in the symbols of love: the full moon, rivers and seashores, fragrant flowers.

"Your husband is so thoughtful," said the assistant manager.

She barely smiled. She had been suspicious for several months. Norma felt that Nancy Drew was taking over her body. Incidentally, both their names begin with a letter N. The mystery: Does her husband have another woman?

Clue no. 1: Phone call.

"Who is calling?" Norma asked.

"My spin class classmate at the gym. She said she was caught in traffic," her husband replied.

Norma's thought balloon: Really? Are you a Waze traffic monitor?

Suspetsa

Anibersaryo ngayon ng kasal nina Norma at Francis. Tulad nang dati, duma-ting ang labindalawang pulang rosas sa opisina ni Norma.

At nainggit ang lahat. Naniniwala ang marami sa kaopisina niya sa mga simbolo ng pag-ibig: bilog na buwan, ilog at dalampasigan, mababangong bulaklak.

"Ang thoughtful naman ng asawa mo," sabi ng assistant manager.

Matipid ang ngiti niya. Ilang buwan na kasi siyang nagsususpetsa. Paki-ramdam ni Norma, sinasaniban siya ni Nancy Drew. Pareho pa naman silang N ang simula ng pangalan. Ang misteryo: May ibang babae kaya ang asawa niya?

Palatandaan o Clue no. 1: Tawag sa telepono.

"Sino ang tumatawag?" tanong ni Norma.

"Kasama ko sa spin class sa gym. Trapik daw kasi," sagot ng asawa niya.

Thought balloon ni Norma: Talaga lang? Waze traffic monitor ka ba?

Clue no. 2: Receipt from an expensive restaurant.

Could her husband be dating someone else? Norma took a reality check. Maybe just a client from the office?

Clue no. 3: Overtime

What if she gives him a surprise visit at the office? Could he be having an affair with his secretary? That's exactly what Norma has seen in the movies.

Anniversary night. Norma and Francis were at their favorite restaurant. Suddenly, Francis took out a ring, "What if we get married again?"

And Norma forgot that it was only their 24th Anniversary. Or that a while back, she had been doubting her husband's faithfulness, or that he just had an affair.

He smiled sweetly. So what, Chocnut? Who cares, boba pearls?

In the daily grind of marital life where romance has been overshadowed by a mortgaged home, electricity and water bills, children leaving for college and dead beds, love tries to force its way to be remembered.

✦ ✦ ✦

Discussion Questions

1. In your experience, what three signs tell you not to trust a person?
2. How will you confront a partner who cheated on you?
3. What does it take to make a partnership or relationship last?

Vocabulary

Learning Filipino can be quite accessible as it has adapted a lot of words from English and Spanish. For instance, in the story, review words such as **trapik** from "traffic" and **ka-date** from "date."

Another unique nuance is the use of rhyming words and popular food as humorous expressions, such as "So what, Chocnut" and "**Eh ano, sago.**"

Palatandaan no. 2: Resibo sa mahal na restawran.

May ka-date kaya ang asawa niya? Nag-reality check si Norma. Baka naman kliyente lang sa opisina?

Palatandaan no. 3: Overtime.

Sorpresahin kaya niya sa opisina? Hindi kaya sekretarya ang ka-affair? Ganyang-ganyan ang napapanood ni Norma sa pelikula.

Gabi ng kanilang anibersaryo. Nasa paboritong restawran sina Norma at Francis. Biglang-bigla, naglabas ng singsing si Francis, "Pakasal kaya tayo uli?"

At hindi na inisip ni Norma na ika-24 na anibersaryo pa lang nila. O na nagdududa siyang baka may ka-affair o katatapos lang na affair ang asawa.

Ngumiti siya nang matamis. So what, Chocnut? E ano, sago?

Sa araw-araw na buhay mag-asawa kung saan ang romansa ay natatabunan ng bayad sa nakasanlang bahay, singil sa koryente at tubig, mga anak na umalis na para mag-college, at patay na kama, sumisilip, nagpipilit matandaan, ang pag-ibig.

✦ ✦ ✦

Vocabulary

kasal wedding		**singsing** ring	
bilog round/circle		**Chocnut** a very popular chocolate-peanut candy brand	
buwan moon			
ilog river		**sago** edible starchy balls (like tapioca balls) made from palm tree pith	
dalampasigan seaside or seashore			
bulaklak flower		**sinasaniban** a body taken over by another spirit/possessed	
pangalan name			

Culture/Context Notes

A predominantly Catholic country, there is no divorce in the Philippines although there are laws on separation and annulment. Bills proposing divorce continue to be a source of contention and controversy between Filipinos pushing for it and those from the conservative side. Thus, marriage is considered permanent. The prevailing social expectation is that unions should last till the couple's "death do them part."

Comprehension Questions

1. What was the occasion for Norma and Francis?
2. Where were the dozen roses delivered to?
3. What was the thought balloon of Norma on clue number one?
4. What was the second sign all about?
5. How many years have they been married?

Grammar Focus

Practice the use of **na-** affix, an example of which is: **nainggit**
Can you find the other verbs using the **na-** affix? Then, conjugate these verbs.

For example: **nainggit → naiinggit, maiinggit**

1. naniwala →
2. naisip →
3. nakita →

Writing Activity

Invent a narrative where three clues may lead up to a conclusion that is not necessarily correct or logical.

Maria of Makiling

There are many stories about the enchanted being of Makiling, but perhaps the most popular is the narrative of the Filipino hero Jose Rizal.

Rizal describes the enchanted being of Makiling this way: youthful, tall, with large black eyes, long hair, and brown skin. She is generous and kind-hearted. The enchanted creature helps the elderly who go to the forests to gather firewood. She gifts the poor with gold. She lends things to those in need. She opens her home for the weary.

But the enchanted creature is also brave. According to the story, she fought to defend her home from bandits. She was furious when foreigners claimed and destroyed the mountain. And when she learned that her beloved was about to marry another woman to avoid conscription in the army, she reproached him: You should have fought for your freedom! You should have had faith in the safety given by the mountains.

Maria Makiling is portrayed in so many ways. There are paintings, comic books, photographs in magazines of actors portraying Maria Makiling. There are mysterious Marias, Disney Marias, and exotic Marias.

In your minds, draw a portrait of Maria Makiling, brave, a hero.

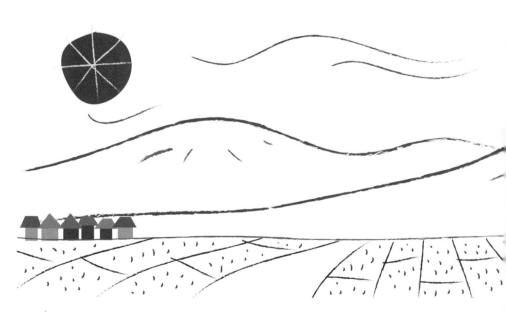

Si Maria ng Makiling

Maraming kuwento tungkol sa diwata ng Makiling, pero pinakapopular marahil ang pagsasalaysay ng bayani na si Jose Rizal.

Ganito inilarawan ni Rizal ang diwata: mukhang bata, matangkad, malalaki ang itim na mata, mahaba ang buhok, at kayumanggi ang balat. Mapagbigay ito at mabuti ang puso. Tinutulungan ng diwata ang matatanda na kumukuha ng kahoy na panggatong sa gubat. Nagbibigay sa mahirap ng ginto. Nagpapahiram ng gamit sa nangangailangan. Nagbubukas ng bahay para sa napapagod.

Pero matapang din ang diwata. Ayon sa kuwento, lumaban ito para ipagtanggol ang tahanan mula sa mga tulisan. Nagalit ito nang inangkin at winasak ng mga dayuhan ang bundok. At nang malaman na ikakasal na sa ibang babae ang lalaking minamahal para maka-iwas sa sapilitang pagsusundalo, ito ang sumbat: Dapat ay ipinagtanggol mo ang iyong kalayaan! Dapat ay nagtiwala ka sa kaligtasan na handog ng kabundukan.

Maraming larawan ni Maria Makiling. May painting, may komiks, may litrato sa magasin ng artistang Maria Makiling kunyari. May Maria na mukhang misteryosa, may mukhang Disney princess, may pa-eksotika ang hitsura.

Iguhit sa isipan ang Maria Makiling, na matapang, at bayani.

Discussion Questions

1. What do you know about Mt. Makiling and other mountains in the Philippines?
2. Have you read anything about enchanted spirits living in mountains?
3. What do you know about the Philippine national hero, Jose Rizal?

Vocabulary

diwata enchanted creature
mapagbigay generous
panggatong firewood
ipinagtanggol defended
tulisan bandits
winasak destroyed
sumbat reproach
kalayaan freedom

nagtiwala trusted
kaligtasan safety
larawan picture; portrait
litrato photograph
pa-eksotika trying to look exotic
matapang brave
bayani hero

Culture/Context Notes

Jose Rizal's version of the Maria Makiling legend was first published in the December 31, 1890 issue of the newspaper *La Solidaridad* under Rizal's pen name "Laong Laan." This was then translated into English by Charles Derbyshire in Manila in 1916, but the publisher is not listed in library catalogues. It is said that before the Spanish colonial period, she was referred to as Dayang Makiling or "the noble woman of Makiling." Several statues of Maria Makiling can be found in Laguna, and among the painters who have portrayed her are Fernando Amorsolo, Carlos Francisco, and Vicente Manansala. In poetry, Maria Makiling has served as subject for Jose F. Lacaba, Joi Barrios, and Martina Herras. The most comprehensive essay analyzing Rizal's version is a chapter in Resil Mojares's *Waiting for Maria Makiling: Essays in Philippine Cultural History* (Ateneo University Press, 2002).

Comprehension Questions

1. How did Rizal describe Maria Makiling?
2. What did Maria give to the poor?
3. What made Maria angry?
4. Why did the man marry another woman?
5. What are the contemporary ways by which Maria Makiling is portrayed?

Grammar Focus

Study how the word **na** is used as a relative pronoun. Here are some examples used in the story:

1. Tinutulungan ng diwata ang matatanda **na** kumukuha ng kahoy na panggatong sa gubat.
   The enchanted creature helps the elderly who go to the forests to gather firewood.

2. Dapat ay nagtiwala ka sa kaligtasan **na** handog ng kabundukan.
   *You should have had faith in the safety (**that** is) given by the mountains.*

3. Iguhit sa isipan ang Maria Makiling, na matapang, at bayani.
   In your minds, draw a portrait of Maria Makiling, (who is) brave, a hero.

Complete the following sentences by using a clause after **na** (used as a relative pronoun—*who, that, which*).

1. Umakyat ako sa bundok na...
   (I climbed a mountain that...)

2. May nakilala akong lalaki na...
   (I met a man who...)

3. Pumunta ako sa lungsod na...
   (I went to a city that...)

Writing Activity

Write a legend about a mountain you are familiar with.

Stepmother

Jina hated that word. *Madrasta* (stepmom). In fact, that word doesn't exist in many dictionaries. Here are what's written:

Aunt, Auntie – is she an aunt? No.
Inain – My god! She's like a hen.
Inampangunam – never heard.

John has blue eyes and blonde hair. Let's just call him John like John Doe. John is the son of Jina's husband from his first wife. But Jina has already trained the child, and when asked "Who do you look like?" he would answer, "You, Jina." Should he talk about his plans after college, he says proudly: "I will buy you a house by the lake, Jina."

Madrasta

Kinasusuklaman ni Jina ang salitang iyon. Madrasta. Sa katunayan nga niyan, wala naman ang salitang iyon sa maraming diksiyonaryo. Heto ang mga na-kasulat:

Tiya, tiyahin – Tiyahin ba siya? Hindi.
Inain – Diyos ko! Para siyang inahin as in "hen."
Inampangunam, inang-pangunam – Never heard.

Blonde ang buhok at asul ang mga mata ni John. Itago na lang natin siya sa pangalang John, as in John Doe. Si John ang anak ng asawa ni Jina sa unang asawa nito. Pero na-train na ni Jina ang bata. Kapag tinanong ito, "Sino ang kamukha mo?" sasagot ito ng, "Ikaw, Jina." Kung sakaling magkukuwento naman ito tungkol sa plano pagkatapos ng kolehiyo, ito ang ipagmamalaki: "Bibilhan kita ng bahay sa tabi ng lawa, Jina."

And of course, she would give the kid cake, pie, cookies, or whatever she cooks for his snacks. Sometimes, they would search the internet for lakehouses for sale, dreaming they could buy one when the kid graduated from college.

John came home one day. He was happy to see freshly baked sticky buns. This was the kid's favorite snack.

John talked excitedly about his day. There was a debate in his high school class.

Debate question: Was it right for the United States to colonize the Philippines during the late nineteenth century and early twentieth century?

Almost everyone in class was in favor of the colonization. Only four were against imperialism. Only one out of four was male.

John had many questions: Why was he the only young guy who was not in favor? Why did the only Filipino in the class (and the whole school) favor conquest? If X's (his classmate) mother is Filipino, why wasn't he against colonization?

Jina's thought balloon: Am I the mother of that child?

She looked at the child with blue eyes and blonde hair. And in Jina's mind, this was the answer: I am your mom. Not by blood. But this I am certain: I am your mother.

And Jina gave John another sticky bun, and dreamt of the house by the lake.

✦ ✦ ✦

Discussion Questions

1. Besides your mother, name another maternal figure in your life.
2. What positive influences has this woman given you?
3. What are your thoughts on interracial dating and relationships?

Vocabulary

suklam hate	**mata** eyes
madrasta stepmother	**buhok** hair
inain stepmother	**meryenda** snack
nanay mother	**siglo** century
kadugo blood-related	**pananakop** colonization

At siyempre, bibigyan niya ang bata ng cake, pie, cookies o ano mang niluto niya para sa meryenda nito. Minsan naman, maghahanap sila ng mga ibinebentang bahay na nasa tabi ng lawa, at mangangarap na mabibili ito kapag nagtapos na sa pag-aaral ang bata.

Umuwi si John isang araw. Masayang-masaya siya nang makita ang bagong luto na sticky buns. Paborito kasi ito ng bata.

Masiglang nagkuwento si John tungkol sa araw niya. May debate raw sa klase niya sa high school.

Tanong sa debate: Dapat bang sinakop ng Estados Unidos ang Pilipinas noong huling mga taon ng ika-19 siglo at mga unang taon ng ika-20 siglo?

Halos buong klase ay pabor sa pananakop. Apat lamang ang laban sa imperyalismo. Isa lang sa apat ang lalaki.

Maraming tanong si John: Bakit siya lang ang batang lalaki na hindi pabor? Bakit ang kaisa-isang Filipino sa klase (at sa buong eskuwelahan) ay pabor sa pananakop? Kung Filipino ang nanay ni X (ang kaklase niya), bakit hindi ito galit sa kolonisasyon?

Ang thought balloon ni Jina: Ako ba ang nanay ng batang iyon?

Tiningnan niya ang batang asul ang mata at blonde ang buhok. At sa isip ni Jina, ito ang sagot: ako ang nanay mo. Hindi ka nga kadugo. Pero ito ang tiyak ko: ako ang nanay mo.

At naghain si Jina sa anak ng isa pang sticky bun, at nangarap ng bahay sa tabi ng lawa.

✦ ✦ ✦

Culture/Context Notes

Madrasta, a 1996 film starring "megastar" Sharon Cuneta, presents the story of the stepmother who struggles to get the affection of her husband's children. The film earned rave reviews for its insightful reflection on love, trust, and the meaning of family.

Interracial marriages that come with children could become extra challenging as both parties cope and adjust to cultural differences, and even handle prejudices by other people. But even then, clear communication and recognition of differences are key.

Comprehension Questions

1. Does the word **madrasta** exist in the English dictionary?
2. What are some definitions of the word?
3. What is the color of John's eyes?
4. What did Jina give the kid?
5. What was the debate question?

Grammar Focus

Study how **kapag** was used in this text. Remember that **kung** ("if"), and **kapag** ("when") are interchangeable except when expressing a condition contrary to a fact or when using the contemplated aspect. Additionally, **kung** is used when paired with another conjunction such as **sakaling**, thus forming **kung sakaling** ("should").

Examples:

1. **Kapag** tinanong ito, "Sino ang kamukha mo?" sasagot ito ng, "Ikaw, Jina."

2. **Kung sakaling** magkukuwento naman ito tungkol sa plano pagkatapos ng kolehiyo, ito ang ipagmamalaki: "Bibilhan kita ng bahay sa tabi ng lawa, Jina."

3. Minsan naman, maghahanap sila ng mga ibinebentang bahay na nasa tabi ng lawa, at mangangarap na mabibili ito **kapag** nagtapos na sa pag-aaral ang bata.

4. **Kung** Filipino ang nanay niya, bakit hindi siya galit sa kolonisasyon?

Use **kung** for these sentences by changing the verb. Make any other adjustments, if necessary. An example has been provided:

Kapag pumunta ka sa farmers' market, makabibil ka ng sariwang gulay. → Kung pupunta ka sa farmer's market, makabibili ka ng sariwang gulay.

1. Kapag nag-ehersisyo ka araw-araw, bubuti ang iyong kalusugan.

2. Kapag nagtanim ka, mayroon kang aanihin.

Writing Activity
Describe your relationship with a close family member or friend who is of a different race from yours.

Mebuyan, the Goddess with Many Breasts

Mebuyan is said to be ugly. It's because her entire body is covered with breasts. From the shoulders to the feet, you will not see anything but breasts, breasts, breasts.

Mebuyan is the chief of a town called Banua Mebuyan or Mebuyan's town. *Banua* is the term used for "town" in the Visayan language.

In Banua Mebuyan, Mebuyan takes care of the babies that die. She gives the babies milk from her breasts. When the babies no longer need milk, they can now go to Gimokudan. *Gimokudan* means the place of souls, because *gimokud* is the term for souls. The babies go to their families in Gimokudan. There, they can eat rice.

Before going to Gimokudan, the souls go to the dark river. They wash their heads and joints. They take a bath so they can feel that they have gone home. In this manner, the souls will no longer go back home.

Today is the anniversary of my child who passed away. My child would have been 25 years old. But my child was only four months in my womb when he or she passed away.

I am wondering how long my child has been with Mebuyan. And if my child is waiting for me in Gimokudan.

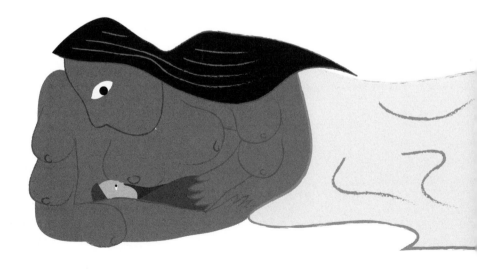

Si Mebuyan, ang Diyosang Maraming Suso

Pangit daw na diyosa si Mebuyan. Natatakpan kasi ang buo niyang katawan ng suso. Mula balikat hanggang paa, wala kang makita kundi suso, suso, suso.

Pinuno si Mebuyan ng bayan na ang pangalan ay Banua Mebuyan o Mebuyan's town. Banua kasi ang tawag sa "bayan" sa mga wikang Bisaya.

Sa Banua Mebuyan, inaalagaan ni Mebuyan ang mga sanggol na namatay. Binibigyan niya ang mga sanggol ng gatas mula sa kanyang suso. Kapag hindi na kailangan ng mga sanggol ang gatas, puwede na siyang pumunta sa Gimokudan. Ang ibig sabihin ng Gimokudan, lugar ng mga kaluluwa, dahil gimokud ang salita para sa kaluluwa. Pumupunta ang mga sanggol sa kanilang mga pamilya sa Gimokudan. Doon, puwede silang kumain ng kanin.

Bago pumunta sa Gimokudan, dumaraan ang mga kaluluwa sa itim na ilog. Hinuhugasan nila ang kanilang ulo at kasu-kasuan. Naliligo sila para maramdaman na nakauwi na sila sa tahanan. Sa ganitong paraan, hindi na babalik ang kaluluwa sa tahanan.

Anibersaryo ngayon ng pagkamatay ng aking anak. Dalawampu't limang taon na sana siya. Pero apat na buwan pa lang sa sinapupunan ko nang yumao.

Iniisip ko kung gaano katagal siya kay Mebuyan. At kung hinihintay niya ako sa Gimokudan.

Discussion Questions

1. How did you cope with the death of a loved one?
2. What is your belief about souls and where they go after death?
3. How do you console a person in grief?

Vocabulary

pangit	ugly	**kaluluwa**	soul
suso	breasts	**kanin**	rice
balikat	shoulder	**ulo**	head
pinuno	leader	**kasu-kasuan**	joints
sanggol	baby	**sinapupunan**	womb

Culture/Context Notes

The story is sourced from "Lumabat ang Mebuyan" in the *Journal of American Folklore*, page 20. Mebuyan is considered the goddess of the underworld according to the mythology of the Bagobo indigenous group from Mindanao.

Comprehension Questions

1. What was all over Mebuyan's body?
2. What town is Mebuyan a leader of?
3. What does she give the abandoned babies?
4. Where can the babies eat rice?
5. How old was the author's child when he/she passed away?

Grammar Focus

Study how infinitive/imperative forms of the verb are formed.
For example: puwede na siyang **pumunta**

um + (before the first vowel) + **punta** = **pumunta** ("to go")

Find two other examples of the infinitive/imperative form. Then, convert the following verbs into this form:

hinuhugasan
dumaraan

Writing Activity

Invent a myth about souls and where they go after the death of its human body.

Why There Are Many Tamarind Trees

Back then, there was only one *sampalok* tree on the island. It was located in the village of Laguna de Bay. An old lady owned the tamarind tree.

Often, the old lady was alone. She didn't mix much with her surrounding neighbors and community. She didn't ask for help, and she didn't give help.

One day, in a nearby village, a man got extremely sick. His fever was especially high. The *albolaryo* told him that the cure for his sickness was boiled bark from the tamarind tree.

The son of the sick man went to the old lady. The son politely asked for the bark of the old lady's beloved tamarind tree. The son pleaded with the old lady. He wept. But the old lady was stingy with her tree.

The son became furious. He asked the heavens to curse the greedy owner of the tree.

It stormed heavily that night. The storm ripped apart the roots of the tree from the ground where it stood. The river overflowed. Eventually, it flooded. The water washed away the tamarind tree and its owner.

The water and the wind carried the tamarind fruits to many faraway places. The tamarind tree then grew everywhere, in every corner and crevice.

The tamarind tree finally belonged to everyone.

Kung Bakit Maraming Puno ng Sampalok

Noon, iisa lang ang puno ng sampalok sa mga isla. Nasa nayon malapit sa Laguna de Bay ang puno. Matandang babae ang may-ari ng puno ng sampalok.

Madalas na mag-isa lamang ang matandang babae. Hindi siya masyadong nakikipag-usap sa mga kapitbahay. Hindi siya humihingi ng tulong, hindi rin nagbibigay ng tulong.

Isang araw, nagkasakit ang isang lalaki sa kabilang nayon. Mataas ang lagnat niya. Ang sabi ng albolaryo, ang gamot daw ay nilagang balat ng kahoy ng sampalok.

Pumunta sa matandang babae ang anak na lalaki ng maysakit. Humingi ito ng kaunting balat ng kahoy. Nakiusap ang binata. Umiyak. Pero maramot ang matanda.

Galit na galit ang binata. Hiningi nito sa kalangitan na sumpain ang matanda.

Bumagyo noong gabing iyon. Natanggal sa pagkakaugat sa lupa ang puno. Umapaw ang ilog. Bumaha. Tinangay ng tubig ang matandang babae at ang puno ng sampalok.

Dinala ng tubig at hangin ang mga bungang sampalok sa maraming malalayong lugar. Tumubo ang maraming puno sa kung saan-saan.

At ang sampalok ay naging sampalok ng lahat.

Discussion Questions

1. What are three of your favorite trees and why?
2. What are some of the natural health remedies that you practice?
3. What are some of the sour dishes that you enjoy?

Vocabulary

ulan	rain	**anak**	child
kasintahan	boyfriend / girlfriend; significant other	**albolaryo**	traditional healer
		sampalok	tamarind
lagnat	fever	**bumaha**	flooded
matandang babae	old lady	**maramot**	stingy / greedy
binata	young man		

Cultural/Context Notes

From Juliana de la Cruz's "Folktales," Fansler Miscellaneous Collection. The story is also found in a book by Damiana Eugenio and is believed to be told by an old woman from San Pablo, Laguna in Luzon. Old people from the town retell the story for young generations to know.

The tamarind tree is considered a very adaptable tree with many practical benefits: its fruits are used as the souring agent for *sinigang* (pork stew with sour broth) while its bark and leaves can be used for medicinal purposes such as easing fever, and for wound healing.

Comprehension Questions

1. How many tamarind trees were there in the village?
2. Who owned the tamarind tree?
3. How does the author describe the old lady?
4. Why did the young man go to the old lady?
5. What medicine did the *albularyo* (healer) prescribe for the sick man?
6. Where was the sick man from?
7. What is the significance of the tree bark?
8. What did the young man wish upon the old lady?
9. What happened to the tamarind tree in the end?

Grammar Focus

Practice shifting focus from actor focus to object focus. Study the example provided and then change the other sentences.

1. **Humingi** ito ng kaunting balat ng kahoy ng sampalok → Kaunting balat ng kahoy ng sampalok ang **hiningi** nito.

2. **Nagdala** si Karen ng paella sa party.

3. Bumaha sa lungsod.

4. Nagtangay ang hangin ng maraming dahon.

Writing Activity

Choose a tree and write a paragraph describing it, including its practical uses and benefits.

The Web in Her Eyes

In the beginning, Carla thought she had hair in the corner of her eye. Did something get into her eyes?

She rubbed her eyes. She tried to remove whatever it was that got in her eyes. It was still there.

She went to the bathroom. She washed her face. She wetted her eyes. "What is this that I could not remove? What if I cried?" Could her tears melt the thing in her eyes?

Aha, Google search. Eye floaters? Her retina could have been torn. She immediately called the nearest eye center.

"Is this the first time you've seen something like that?" the receptionist asked, or whoever assistant it was who answered the telephone.

"Just now," she answered.

"Is it a lot? Does it multiply suddenly?"

Yes, it was as if it multiplied and as if she could see curly hair. Was it panic time? There was a hint of nervousness in her voice. "Yes, it's a lot."

"Come to the clinic. I'll squeeze in time for you." It must have been panic time.

At the clinic, Carla was given medication to dilate the pupil. She was asked by the doctor to read letters. Asked to look up and down, right and left. Asked to follow the light with her eyes. She was asked questions.

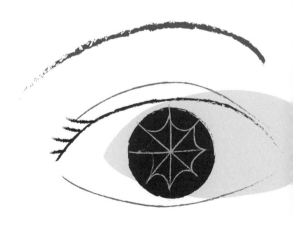

Ang Sapot sa Kanyang mga Mata

Noong una, akala ni Carla, ay may buhok sa gilid ng kanyang mata. Napupuwing kaya siya?

Kinusot niya ang mata. Pilit niyang tinatanggal ang kung ano mang pumupuwing. Naroroon pa rin.

Pumunta siya sa banyo. Naghilamos. Binasa ng tubig ang mata. Ano itong hindi ko matanggal-tanggal? Eh kung umiyak kaya siya? Hindi kaya malusaw ito ng luha?

Aha, Google search. Eye floaters? Posible raw napunit ang retina. Agad-agad siyang napatawag sa pinakamalapit na eye center.

"Ngayon pa lang ba kayo nakakita ng ganyan?" tanong ng receptionist, o ng kung sino mang assistant na sumagot sa telepono.

"Ngayon lang ho," sagot naman niya.

"Marami ho ba? Bigla ho bang dumami?"

Oo nga, parang dumarami ang nakikita niya na parang nakakulot na buhok. Panic time na kaya? May nerbiyos na sa boses niya. "Oho, marami ho."

"Punta na ho kayo rito sa clinic. Isisingit ko ho kayo." Panic time na nga yata.

Sa clinic, binigyan si Carla ng pampa-dilate ng mata. Pinabasa siya ng doktor ng mga letra. Pinatingin siya sa itaas at ibaba, kanan at kaliwa. Pinasunod ang mata niya sa ilaw. Tinanong-tanong.

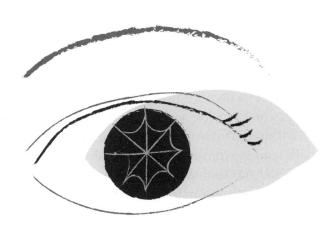

She couldn't take it anymore. "What is it, doctor?"

"We need to examine it. This is normal for someone who is past 50 but you look too young to have this." Then the doctor looked at her personal chart. That part about her date of birth.

"Oh, it's normal then."

The facial creams she had smeared on her face had hidden the aging lines on her face. Botox and restylane, often injected into her, had erased her wrinkles. But in the diagnosis of the doctor, her age had been revealed.

She was like a fly caught in a spider's web.

✦ ✦ ✦

Discussion Questions

1. When was the last time you visited your doctor for a checkup?
2. How do you feel about revealing your age when people ask?
3. What are your thoughts on ageing? Are you ready for it?

Vocabulary

mata	eyes	**sapot**	web or film
buhok	hair	**petsa**	date
napupuwing something is getting into one's eyes		**edad**	age
		kapanganakan	birth
kinusot	rubbed	**eh**	an exclamation signifying
napunit	torn		reflection, like the word "hmm"

Culture/Context Notes

In the story, eye floaters are mentioned. It's a condition where spots get in the way of one's vision and is caused by age-related changes. Microscopic fibers within the vitreous (the clear gel between the lens and retina of the eyeball) tend to clump and cast tiny shadows or floaters on one's retina.

Studies show that women are more likely to face gender- and age-related discrimination than men. Women hide their age not merely for vanity but to seek fair treatment and acceptance in society and especially in the workplace.

Hindi na siya nakatiis. "Ano ho ba ito, doktor?

"Kailangan pa ho nating eksaminin. Normal naman ho ito sa lampas singkuwenta pero parang ang bata naman ninyo para magkaroon ng ganito." Pagkatapos ay tumingin ang doktor sa kanyang personal chart. Doon banda sa petsa ng kapanganakan.

"Ay, normal pala po."

Naitago nga ng lahat ng facial creams na naitapal niya sa mukha ang lahat ng kulubot. Natanggal din ng lahat ng botox at restylane ang lahat ng wrinkles o gatla, dahil nagpapainiksiyon siya lagi. Pero sa diagnosis ng doktor, hulinghuli na ang kanyang edad.

Para na lang siyang langaw na nahuli sa sapot ng gagamba.

✦ ✦ ✦

Comprehension Questions
1. What did Carla's eyes have?
2. What was Carla trying to hide?
3. How do you think Carla felt when her real age was revealed?

Grammar Focus:
Review the causative affix **pina-** used when an action is being caused and the focus is on the actor. An example given in the story is:

Pinabasa <u>siya</u> ng mga letra.

In this example, the underlined word <u>**siya**</u> is the focus of the sentence.

First, find two other examples of verbs using the **pina-** affix.
Fill out the following translations using **pina-** verbs.

1. My mother asked me to cook rice. → _____ ako ng nanay ko ng kanin.
2. The teacher asked me to write an essay → _____ ako ng sanaysay ng guro ko.
3. Charlie was asked by his grandmother to go to the drugstore. → _____ si Charlie ng lola niya sa botika

Writing Activity
Narrate your most recent medical visit.

I Am So Stupid!—The Story of the Peasant and the Landlord

The peasant and his landlord lived on a faraway island.

The feudal lord told the peasant, "I'm the one who gives you a living." That is why the farmer was grateful to the landlord. He told himself, "What will I do if I do not have a landlord?"

Everyday, the peasant woke up early. He plowed the land, planted seeds, took care of the rice field, or harvested the rice stalks in the field. And each day the peasant got tired after working on his farm.

Sometimes, the peasant would go to the big island. He would buy seeds, fertilizer, and other things for the farm. Afterwards, he would pass by the church. He would pray for an abundant harvest.

When harvest time came, the peasant was happy. For every 10 cavans (= 98.28 liters) of palay, five cavans went to the farmer and five to his landlord.

One day, the landlord died. The farmer was now alone on the island. He wondered. He harvested the palay and all the cavans were his. He could now eat delicious food. He earned a lot. He was the one who enabled the landlord to live.

He touched his forehead and said, "I was so stupid!"

Napakatungak Ko!—Ang Kuwento ng Magbubukid at ang Panginoong-Maylupa

Nakatira sa malayong pulo ang magbubukid at ang panginoong-maylupa.

Ang sabi ng panginoong-maylupa sa magbubukid, "Ako ang bumubuhay sa iyo." Kaya naman, nagpasalamat ang magbubukid sa panginoong-maylupa. Ang sabi naman niya sa sarili, "Ano ang gagawin ko kung wala ang panginoong-maylupa?"

Araw-araw, gumigising nang maaga ang magbubukid. Nag-aararo siya sa bukid, o nagtatanim ng binhi, o nag-aalaga ng palayan, o gumagapas ng palay. Araw-araw, pagod na pagod ang magbubukid sa pagsasaka.

Kung minsan, pumupunta sa malapit na malaking pulo ang magbubukid. Bumibili siya ng binhi, pataba, at iba pa para sa bukid. Pagkatapos, dumadaan siya sa simbahan. Nagdarasal siya para sa masaganang ani.

Pagdating ng anihan, masaya ang magbubukid. Sa bawat sampung kaban ng palay, limang kaban ang napupunta sa magbubukid, at lima rin sa panginoong maylupa.

Isang araw, namatay ang panginoong-maylupa. Mag-isa na ang magbubukid sa pulo. At nagtaka siya. Nag-aani siya at lahat ng kaban ng palay ay sa kanya. Nakakakain na siya ng masarap. Malaki ang kita niya. Siya pala ang bumuhay sa panginoong may-lupa.

Napahawak siya sa noo at nagsabing—"Napakatungak ko!."

Discussion Questions

1. What are your favorite farm products?
2. When did you visit a farm? Why did you visit or why have you not visited one?
3. What plants have you grown so far?

Vocabulary

magbubukid farmer
panginoong-maylupa landlord
bumubuhay a living
nag-aararo ploughing
nagtatanim planting
binhi seed

gumagapas cuts
pagsasaka farming
anihan harvest time
ani harvest
kaban cavan/sack of rice or palay weighing 50 kilograms

Culture/Context Notes

Agriculture remains an important source of livelihood in the Philippines. But the majority of the farmers are landless and they till land for a landlord. Farming methods are still largely traditional, which makes farming a grueling job. Thus, Filipino farmers are considered as figures of hard work and perseverance.

The story was first published in *Balagtas* (April 20, 1907) and republished in "Ang Dagling Tagalog, 1903–1936" by Ateneo de Manila University Press (2007). The book was edited by Rolando B. Tolentino and Aristotle J. Atienza. The story is an example of *dagli*, a short narrative form, rewritten/adapted for Tagalog language learners. The *dagli*, popular at the turn of the twentieth century, contained narratives, dialogues and/or commentaries. It is considered to be the forerunner of the Tagalog modern short story.

Comprehension Questions

1. List at least three things that the farmer did every day in the field.
2. What did the farmer plant in the field?
3. How many cavans did the farmer and landlord each get during harvest time?
4. How did the farmer's life get better after the landlord died?
5. What did the farmer tell himself when he realized how he was treated by the landlord?

Grammar Focus

Identify the verbs in the story in the incompleted aspect, actor focus, and the use of **mag-** and **um** affixes. An example is:

Nag-aararo siya ng bukid.

After listing four verbs, change the focus of the sentence/phrase into the object focus, using the **in-** affix. An example is:

Nag-aararo siya ng bukid → Bukid ang **inaararo** niya.

Writing Activity

Create the second half of the story after the landlord passed away. What would be some new developments in the farmer's life?

Why the Cashew's Nut Is Outside Its Fruit

Cashew was getting bored inside the fruit. "It's very dark," he said. He wanted to be able to feel the warmth of the sun. He wanted the rain to be able to wet his skin. He wanted to be able to see his entire surroundings.

Cashew went to his neighbor Mango and complained. "Just be content," said Mango. "Isn't it peaceful inside the fruit?"

Cashew was insistent. Because of this, Mango accompanied him to Bathala, the God of the Tagalogs. Bathala said, "Do not worry, I will bring this up in the meeting of gods."

The gods met at Mount Makiling. Mango represented Cashew and requested for what Cashew wanted.

The gods discussed. It didn't take long for them to decide to give in to Cashew's wish. They told their messenger Utusan to get Cashew from the dark fruit and put him outside the fruit. However, there was one condition: Cashew can no longer return inside the fruit.

Today, Cashew is outside the fruit. The sun is hot. The rain is cold. But he can see his entire surroundings.

Kung Bakit Nasa Labas ang Buto ng Kasoy

Nababagot na si Kasoy sa pagtira sa loob ng prutas. "Ang dilim-dilim naman, sabi niya. Gusto niyang maramdaman ang init ng araw. Gusto niyang mabasa ng ulan ang kanyang balat. Gusto niyang makita ang buong kapaligiran.

Pumunta si Kasoy sa kapitbahay niyang si Mangga at nagreklamo. "Makontento ka na lang," ang sabi ni Mangga. "Hindi ba't payapa din namang nasa loob ng prutas?"

Mapilit si Kasoy. Dahil dito, sinamahan na lamang siya ni Mangga kay Bathala, na Diyos ng mga Tagalog. Ang sabi ni Bathala, "Hayaan ninyo, at ihaharap ko ito sa pulong ng mga diyos."

Nagpulong nga ang mga diyos sa Bundok Makiling. Si Mangga ang kumatawan kay Kasoy at hiniling nito ang gusto ni Kasoy.

Nag-usap-usap ang mga Diyos. Hindi nagtagal, nagdesisyon sila na pagbigyan ang hiling ni Kasoy. Sinabi nila sa tagapaghatid ng balita na si Utusan na kunin si Kasoy mula sa madilim na prutas at ilagay siya sa labas nito. Gayon pa man, may kondisyon: hindi na makababalik si Kasoy sa loob ng prutas.

Sa ngayon, nasa labas na ng prutas si Kasoy. Mainit ang araw. Malamig ang ulan. Pero nakikita niya ang buong kapaligiran.

Discussion Questions

1. How do you feel about staying inside an isolated place all day?
2. What are your personal thoughts on contentment?
3. How far will you give up things or a position to gain a situation you desire?

Culture/Context Notes

The story is from "Folktales," collected by Rosendo O. Subid in Laguna, and found in the Fansler Collection, 1921.

In Filipino, duplication of names is common to stress superlatives in adjectives. For instance **ang dilim-dilim** means "it's very dark." Or, **ang ganda-ganda niya** is used to imply that "she is very beautiful."

Also, notice how Filipino words change meaning when the accent is in a different syllable. When the accent is on the third syllable, the word **mabasa** means "to (be able to) get wet." When the accent is on the second syllable, it means "to be able to read."

Comprehension Questions
1. What did Cashew hate about the space?
2. Who helped Cashew air his wish to the gods?
3. What was the one condition given by the gods to Cashew?
4. What wish by Cashew was fulfilled by the gods?

Grammar Focus
Study the abilitative affix **ma-**, used to mean "able to" or "can." In the following sentence in the story, **ma-** was used with the root word **ram-dam** ("to feel") and the suffix **-an**. Additionally, it is paired with the helping word **gusto** ("want"), so the verb is in the infinitive form.

Gusto niyang **maramdaman** ang init ng araw.

Find two other words using the prefix **ma-**. Use these words in your own sentences.

Writing Activity
Create your own legend about a fruit.

The Woman in Barrio San Andres

Magazine covers always feature this beautiful woman, which we keep under the name Y. That's because she was Miss Philippines. She represented the Philippines at the international beauty pageant. In the latest fashion show of the famous designer P, she even wore a bridal gown.

One day, Y just disappeared. She did not even have a press conference to say if she would be studying abroad, getting married and leaving the limelight, or going to an island for an extended vacation. Y just disappeared like a bubble.

Meanwhile, a woman arrived in the village of San Andres, along with other guerrillas. This woman was easy to spot: she was light skinned, beautiful, and very tall. She was among the organizers of women in the town.

That's because the guerrillas would often go down to the village from the mountain. They would help the farmers. Sometimes, there were guerrilla doctors who treated patients. There were usually no doctors in that faraway village.

"I am Comrade Yasmin," the woman introduced herself.

One day, two neighboring women were shopping at the town market. They bought dried fish, which was immediately wrapped with old newspaper.

When they opened what they had bought so they could equally divide it, the face of the beautiful woman was in the newspaper. The neighbors were shocked.

Ang Babae sa Baryo San Andres

Laman lagi ng cover ng magasin ang magandang babae, na itago natin sa pangalang Y. Miss Philippines kasi. Kinatawan ng Pilipinas sa international beauty pageant. Noong huli ngang fashion show ng sikat na designer na si P, siya pa ang nagsuot ng bridal gown.

Pero isang araw, naglaho ang si Y. Hindi man lang nagpa-press conference para sabihin kung mag-aaral ba abroad, mag-aasawa at aalis na sa limelight, o pupunta sa isang isla para sa extended vacation. Naglaho lang na parang bula.

Samantala, may babae na dumating sa baryo ng San Andres, kasama ng iba pang gerilya. Madaling mapansin ang babae, dahil maputi, maganda, at ang tangkad-tangkad. Kasama siya sa nag-oorganisa ng kababaihan sa bayan.

Bumababa kasi madalas ang mga gerilya sa baryo mula sa bundok. Tumu-tulong sila sa mga magsasaka. Kung minsan, may mga doktor na nanggaga-mot. Walang doktor o klinika sa malayong baryo na iyon.

"Ako si Ka Yasmin," pakilala ng babae.

Isang araw, magkasamang namalengke sa bayan ang dalawang magka-pit-bahay na babae. Bumili sila ng tinapa, na agad namang binalot sa lumang diyaryo ng tindero.

Nang binuklat nila ang binili para paghatian, naroroon ang magandang mukha ng babae sa diyaryo. Napanganga ang magkapit-bahay.

"Si Ka Yasmin!"

Discussion Questions

1. Who is your female inspiration in terms of courage and strength?
2. How many times have people misjudged you for your looks versus your talents?
3. Why do you think some people rebel against society?

Vocabulary

laman content	**bundok** mountain
pangalan name	**palengke** market
kinatawan represent	**naglaho** disappeared
sikat famous	**mag-aasawa** will get married
laho disappear	**gerilya** guerrilla
isla island	**tangkad-tangkad** very tall
baryo town	**tinapa** smoked fish
bula bubbles	**binuklat** opened
tangkad tall	**napanganga** jaw dropped

Culture/Context Notes

This comes from an article by Judy Taguiwalo on beauty queen-turned-guerrilla Maita Gomez during the Marcos regime's Martial Law era. Gomez was a Miss Philippines beauty queen in 1967. Later on, she went underground and joined the New People's Army (NPA) war against the administration. Although Gomez left the underground movement due to her physical health in the 1980s, she continued to be an activist and a feminist leader as well as a scholar and teacher. Gomez passed on in 2012 at the age of 65.

Comprehension Questions

1. Why was Y always in the magazines?
2. What happened to Y that the public seemingly could not figure out?
3. Describe the woman seen in San Andres.
4. How did the guerrillas help the farmers?
5. Who was the woman in the newspaper?

Grammar Focus

As you may know by now, there are no tenses in Tagalog, only aspects. Study the following Tagalog sentences, and their English translations. Note that in Filipino, the verbs used are in the incompleted aspect, but then in the translations, verbs had to be in the past tense or the past progressive tense to be consistent with the other verbs used in the story.

1. Bumababa kasi madalas ang mga gerilya sa baryo mula sa bundok. (That's because the guerrillas would often go down to the village from the mountain.)
2. Tumutulong sila sa mga magsasaka. (They would help the farmers.)
3. Walang doktor o klinika sa malayong baryo na iyon. (There were usually no doctors in that faraway town.)

Translate these two sentences which use the past tense or the past progressive tense in English into Filipino:

1. The orchestra was playing Filipino love songs during the whole concert.
2. They were climbing the mountain when it rained.

Writing Activity

Write a short character profile about a woman who inspires you.

The President Who Had Horns

Once upon a time, there was a president who was unjust to his citizens. One day, he coveted to have horns so that people would fear him more. His wish came true.

He went to the barber to get his haircut. "What do you see in my head?" He demanded an answer.

"Nothing," said the barber, whose respect was mixed with fear. The barber did see the horns, but he was afraid to speak, for the horns exemplified the president's cruelty.

The president touched his horns. He warned the barber, "If you tell anyone about this, I will have you hanged." This barber was terrified.

Out of fear, the barber did not want to tell anyone about what he witnessed. As time passed, he realized he could no longer keep to himself about the horns he saw. He went to the field and dug underneath the bamboo clump. He went down to the hole he dug out and whispered, "The president has horns." After he climbed back up, he covered up the hole and went back home.

People going to the market passed by the bamboo clump on their way home. Passing through, they heard a voice. "The president has horns." The eerie news traveled to everyone in town. The townspeople followed the voice, which led them to the bamboo clump where the barber whispered the secret. Eventually, everyone found out. It reached the town's council, prompting them to go to the president's house. But the wife of the president told the council that the president was sick and could not attend to them.

Ang Presidenteng Nagkasungay

Noong unang panahon, may presidenteng hindi makatarungan sa kanyang mga tao. Isang araw, naisip niyang sana ay magkaroon siya ng mga sungay. Sa gayon, mas lalo siya katatakutan. At nangyari nga ang hiling niya.

Pumunta siya sa barbero para magpagupit. "Ano ang nakikita mo sa ulo ko?" tanong niya sa barbero.

"Wala po," sagot ng barbero, nang may halong takot ang paggalang. Nakiki-ta nito ang mga sungay pero natakot magsalita dahil waring sagisag ang mga sungay ng kalupitan.

Hinawakan ng presidente ang mga sungay. Pagkatapos ay binalaan niya ang barbero. "Kapag may sinabihan ka tungkol sa nakita mo, ipapabitay kita." Takot na takot ang barbero.

Ayaw nga talaga ng barbero na sabihin ang nakita sa kahit sino dahil sa takot. Pero nang lumaon, hindi na siya nakatiis. Pumunta siya sa bukid at naghukay sa ilalim ng mga kawayan. Nang malaking-malaki na ang hukay, gumapang siya papasok rito at bumulong, "May sungay ang presidente." Pag-katapos lumabas siya, tinakpan ang hukay, at umuwi na sa bahay.

Nadaanan ng mga tao na papunta sa palengke ang mga kawayan. At may narinig silang boses. "May sungay ang presidente. " Ikinuwento nila ito sa ibang tao. Nahikayat naman ang mga ito na pumunta sa kawayan para mapakinggan ang boses. Kumalat ang balita sa buong bayan. Nalaman ito ng mga nasa konseho at pumunta sila sa bahay ng presidente. Pero ang sabi ng asawa nito, may sakit daw at hindi sila puwedeng harapin.

The president's horns got bigger. He was so ashamed of his appearance so he told his wife to tell the crowd that he could not address them in person. The council that went to his house responded, they heard the news that he had grown horns, thus he was no longer fit to rule.

The townspeople flocked to the president's home. They caught a glimpse of his horns. Immediately, they killed him. To them, he was a beast.

✦ ✦ ✦

Discussion Questions

1. In what instances did you believe in the saying that goes, "be careful what you wish for?"
2. What do you think are the characteristics of a good leader?
3. How important is participating in elections for you?

Vocabulary

barbero barber	**hayop** animal/beast
katakutan fear	**sungay** horns
hiling wish	**magpagupit** to get a haircut
kawayan bamboo	**mamuno** to rule
narinig heard	**makapagsalita** to be able to speak
konseho council	**pinaslang** killed

Culture/Context Notes

This story is from the book *Philippine Folk Tales,* which was compiled and edited by Mabel Cook Cole (Chicago, A.C. McClurg & Co., 1916). Cook explains that *presidente* means "chieftain." In Ilocano folktales, the symbol of horns and other deformities are often associated with evil, wicked behavior, or supernatural powers. This malevolent connotation of horns in Philippine myth and folklore seems to be universal as it also has the same symbolism in many European and American mythology.

Moreover, the plot of this folktale (a ruler with horns, a barber, and a secret) is very similar to several folktales around the world. Some examples are: the Urdu tale, "The Raja's Barber"; the Georgian tale, "Our King Has Horns," and the Indian tale, "The Magical Drum."

Lumaki nang lumaki ang mga sungay. Hiyang-hiya ang presidente kaya't sinabi niya sa asawa na sabihin sa mga tao na hindi niya sila makakausap. Ang sagot naman ng mga konsehong dumating, nabalitaan nga nila na may sungay na nga ang presidente, kaya wala na itong karapatang mamuno.

Pilit pumasok sa bahay ang mga tao, Nakita nila ang mga sungay. Agad-agad, pinaslang nila ang presidente. Isa raw itong hayop.

✦ ✦ ✦

Comprehension Questions:
1. Why did the president want horns?
2. What kind of president was he?
3. What did the barber tell the president?
4. Later, where did the barber go?
5. What did the barber do in the bamboo field?
6. How did the people find out about the president's horns?
7. What happened to the president in the end?

Grammar Focus
Connecting words, such as **kaya** or the contraction **kaya't** for **kaya at** ("and so"), **nang** (used to mean "when"), and **pero** ("but"), are used to join clauses.

First, study how these connecting words were used in the following sentences:

1. **Nang** malaking-malaki na ang hukay, gumapang siya papasok rito at bumulong.
2. Hiyang-hiya ang presidente **kaya't** sinabi niya sa asawa na sabihin sa mga tao na hindi niya sila makakausap.
3. **Pero** ang sabi ng asawa nito, may sakit daw at hindi sila puwedeng harapin.

Write three sentences with two clauses each using connecting words.

Writing Activity
Write a brief story about a day in the life of a contemporary powerful person with a secret deformity.

The Virtue of the Coconut

One day, a man went into the forest to hunt, taking his blowgun and dog with him. He saw a coconut tree. This was the first time he ever saw such a tree.

He then saw a noisy bird on the tree, so he aimed and finished it off. Then, he saw a giant monkey that moved as if it was mocking him. To assert his dominance, he aimed at it too, killing it instantly.

Not long after, he heard the incessant barking of his dog from far away. He sped up to get to where his dog was, and he saw it nipping on a pig. He aimed at the pig, and shot it too.

The hunter felt so happy with his loot, and returned to the coconut tree.

"I'll take you home with me," he said, talking to the young coconut tree. "Maybe I can make use of you?" Then he took home with him the dead bird, the monkey, and the pig.

He was on his way home when he noticed the leaves wither. He didn't have water, so as a substitute, he squeezed the dead bird's neck, and sprinkled blood on the tree. Suddenly, the leaves came back to life.

He continued to walk home. But the leaves continued to wither, so he brought it back to life with the blood of the monkey. And, once again, the leaf withered, so he used the pig's blood.

Ang Katangian ng Puno ng Niyog

Isang araw, pumunta sa gubat ang lalaki para mangaso, dala-dala ang kanyang sumpit at aso. May nakita siyang tumutubong puno ng niyog. Unang beses pa lang niyang makakita ng ganitong klaseng puno.

May nakita siyang maingay na ibon sa puno, kaya inasinta niya ito. Pagkatapos, nakita niya ang malaking unggoy, na parang tinutuya siya. Para ipakitang siya ang nakapangyayari, inasinta niya ito at namatay din.

Hindi naglaon, narinig niyang kahol nang kahol ang kanyang aso. Nagmadali siya papunta roon, at nakita niyang kinakagat nito ang baboy-damo. Pinatay din niya ang baboy-damo.

Tuwang-tuwa ang mangangaso at bumalik siya sa tumutubong puno.

"Iuuwi kita," ang sabi niya sa batang puno. "Baka magamit kita." Pagkatapos, inuwi niya ang patay na ibon, ang unggoy, at ang baboy-damo.

Pauwi na siya nang mapansin niyang nalalanta na ang mga dahon nito. Wala siyang tubig, kaya ginilit niya ang leeg ng ibon, at winisikan ng dugo ang puno. Biglang nabuhay ang puno.

Patuloy siyang naglakad pauwi. Pero nalanta uli ang mga dahon, kaya binuhay niya ito ng dugo ng unggoy. At muli nalanta ang mga dahon, kaya binuhay niya ng dugo ng baboy.

This hunter was the first to make *tuba*, by fermenting the sap obtained from the coconut tree. He told his friends, "This coconut tree is like all three animals combined: it can bring life back threefold."

After three or four glasses of *tuba*, the one who drinks it will be like a noisy bird. Those who take four glasses or more are likened to a big monkey gone wild; and if one gets completely drunk from the *tuba*, one is like a pig sound asleep in a pool of mud.

✦ ✦ ✦

Discussion Questions
1. What do you like or dislike about being in a forest?
2. What is your favorite drink—with alcohol or not?
3. How do you handle getting drunk or handle friends who are drunk?

Vocabulary

mangaso to hunt	**hindi naglaon** not long after
gubat forest	**baboy-damo** pig
sumpit blowgun	**aso** dog
ibon bird	**unggoy** monkey
puno ng niyog coconut tree	**kinakagat** biting
inasinta to aim at	**tuba** alcohol made from sap
nakapangyayari dominant	of palm tree

Culture/Context Notes
The story is from the Visayas and was included in Mabel Cook Cole's *Philippine Folk Tales*, 1916. Cook (born 1880; died 1977) was a dancer, singer, and anthropologist.

Among her other books are *The Story of Primitive Man*, 1941, and *Savage Gentlemen*, 1929. It would be interesting to reread her retelling of folktales using contemporary discourses on the primitive and the savage.

The Philippines has many local varieties of native wine that are made from fermented fruits, rice, and coconut. *Tuba* is an alcoholic drink from the Visayas and especially in the Leyte province. It is made from fermented coconut sap. Celebrations in Leyte, Bohol, and Cebu where *tuba* is made, won't be complete without drinking this mildly sweet and sourish smooth beverage.

Ang mangangasong ito ang unang gumawa ng inuming tuba mula sa niyog. Ang sabi niya sa kanyang mga kaibigan, "Ang puno ng niyog ay parang ang tatlong hayop na tatlong beses na nagbigay-buhay rito."

Pagkatapos ng tatlo o apat na basong tuba, parang maingay na ibon. Iyong iinom ng sobra sa apat ay parang malaking unggoy na hangal; at ang malalasing ay parang baboy na natutulog sa putikan.

✦ ✦ ✦

Drinking or **inuman** is very much a part of Filipino culture as family and friends have bonding sessions over drink and **pulutan** (dishes that are most likely to be fatty and greasy, and which pair well with the get-together's alcoholic beverage or beverages of choice).

Comprehension Questions
1. Why did the man enter the forest?
2. What did he do to the bird?
3. How did the man find his dog?
4. Why did he want to bring the coconut tree home?
5. When the man didn't have water, what substitute did he use?
6. What did the man make?

Grammar Focus
Review abilitative affixes **ma-** and **maka-**. One word used in the story is **nakita** ("was able to see"). Find other verbs using **ma-** and **maka-** affixes.

Then, convert the following sentences with verbs using **ma-** and **maka-** affixes in the incompleted aspect into the completed aspect. One example is given.

1. Nakikita ko ang bundok na nasa malayo. → Nakita ko ang bundok na nasa malayo.
2. Nakakabili ako ng murang gulay sa Farmer's market. →
3. Nalalasing na ang lalaki, kaya umuwi na siya. →

Writing Activity:
Share a short narrative about a memorable outdoor experience.

The Legends of the Ylang-Ylang

There are many versions of the legend of the Ylang-ylang. There is one from the archives, or in ordinary speak in Tagalog, from the trunk. There are versions from the internet that do not say where it came from. There are modern versions by contemporary writers. And there is a version told in the business pages.

Version 1 from Jose Sevilla, 1908
The story is dark.

There was a man who got lost in the forest and met an old man. The elderly man was said to have been cursed to live in the forest.

"Why?" the young man asked. And the old man told him the story.

"I was a young man then," the elderly man said, "And I made women as my amusement."

The old man had a child from one of the women, but he took the child away. An old mute woman took care of the child. "I wanted the child not to discover the mystery of life, the secrets of people, and where she came from," explained the elderly man.

Mga Alamat ng Ilang-Ilang

Maraming bersiyon ang alamat ng ilang-ilang. May galing sa archives, o kung baga sa karaniwang usapan sa Tagalog, galing sa baul. May mga bersiyon sa internet, na hindi nagsasabi kung saan galing. May makabagong bersiyon ang mga manunulat ng kasalukuyan. At may bersiyong naikukuwento sa mga pahinang tungkol sa pagnenegosyo.

Bersiyon 1 mula kay Jose Sevilla, 1908

Madilim ang kuwento.

May binatang naligaw sa gubat at may nakilalang matanda. Isinumpa raw ang matanda na mamuhay sa gubat.

"Bakit?" ang tanong ng binata. At nagkuwento ang matanda sa kanya.

"Binata ako noon," ang sabi ng matanda, "at ginagawa kong libangan ang mga babae."

Nagkaroon ng anak ang matanda sa isa sa mga babae, pero kinuha nito ang bata. Matandang babaeng pipi ang nag-alaga sa bata. "Gusto kong hindi niya makilala ang hiwaga ng buhay, ang lihim ng tao, ang kanyang pinanggalingan," paliwanag ng matanda.

Everything changed when the child was almost thirteen years old. "Her gaze caught mine and my feelings as a father faded away," confessed the old man.

The old man tried to rape the child but a tornado came. The branch of a fragile tree fell and hit the child. She died.

As time passed, the tree grew fragrant flowers. The old man said, "Ylang-ylang!"

And the young man woke up. It was just a dream after all. A dream about a story on abuse.

Version 2 from the internet, searched in the year 2018

A story using all the conventions of romance. This is about the sweethearts Lanubo and Cirila.

Though Cirila was rich and Lanubo was poor, they were models of a couple. Their parents agreed that they would be married when the next full moon came.

There came a Chinese foreigner. He was a rich businessman and he was so different from the other Chinese who lived with gentleness in the town of Cirila and Lanubo.

The rich foreigner brought an expensive gift to the house of Cirila. The foreigner told the parents of Cirila, "If Cirila will marry me, I will give you all my wealth." But the parents explained that Cirila would marry Lanubo.

One time, Cirila went to the forest to get pandan leaves. The foreigner followed her. The foreigner spoke once again about his love for her. The young woman refused again. The foreigner got angry and grabbed Cirila's hand. The young woman scratched the foreigner.

The foreigner angrily took out his dagger to scare Cirila. The young woman fought to grab the dagger but she was accidentally killed by the foreigner.

Lanubo mourned for Cirila. Then one day, he saw a plant growing at the tomb of Cirila. The plant became a tree; the tree blossomed with flowers. They called the tree Ylang-Ylang.

Nagbago ang lahat nang malapit nang maging labintatlong taong gulang ang bata. "Tinamaan ako ng kanyang titig at pumanaw ang aking damdaming ama," kumpisal ng matanda.

Sinubukan ng matanda na gahasain ang anak, pero may buhawi na dumating. Naputol ang sanga ng marupok na punong-kahoy, at tinamaan ang bata. Namatay ito.

Paglipas ng panahon, nagkaroon ng mababangong bulaklak ang punong-kahoy. Ang sabi ng matanda, "Ilang-ilang!"

At nagising ang binata. Panaginip lang pala. Panaginip na kuwento ng pagsasamantala.

Bersiyon mula sa internet, nahanap sa taong 2018

Kuwentong gumagamit ng lahat ng kumbensiyon ng romansa. Tungkol ito sa magkasintahang Lanubo at Cirila.

Kahit mayaman si Cirila at mahirap si Lanubo, modelo silang magkasintahan. Nagkasundo ang kanilang mga magulang na ikakasal na sila sa susunod na maging bilog ang buwan.

May dayuhang Tsino na dumating. Mayaman siyang negosyante at ibang-iba sa mga Tsino na mabait na namumuhay sa bayan nina Cirila at Lanubo.

Nagdala ang mayamang dayuhan ng mamahaling regalo sa bahay ni Cirila. Ang sabi ng dayuhan sa mga magulang ni Cirila, "Kung pakakasalan ako ni Cirila, ibibigay ko sa inyo ang lahat ng kayamanan ko." Ipinaliwanag naman ng mga magulang na ikakasal na si Cirila kay Lanubo.

Minsan, pumunta si Cirila sa kagubatan para kumuha ng dahon ng pandan. Sinundan pala siya ng dayuhan. Muling nagsalita ang dayuhan tungkol sa kanyang pagmamahal. Muling tumanggi ang dalaga. Nagalit ang dayuhan at hinatak ang kamay ni Cirila. Kinalmot naman ng dalaga ang dayuhan.

Galit na kinuha ng dayuhan ang kanyang patalim para takutin si Cirila. Nakipag-agawan sa patalim ang dalaga at aksidenteng napatay siya ng dayuhan.

Nagluksa si Lanubo. Pero isang araw, nakita niyang may tumubong halaman sa puntod ni Cirila. Ang halaman ay naging puno, ang puno ay namulaklak. Tinawag itong Ilang-ilang.

Version 3, the version in the business pages

This is not a story but a rumor, or speculation.

There are a lot of uses for the Ylang-ylang oil: For relaxation, for killing bacteria, for lowering blood pressure, and for awakening sexual desire.

Because of this, Yves Saint Laurent (YSL), known for its expensive dresses, makeup, and perfume, commissioned a municipality in Negros Occidental for its Ylang-ylang. YSL claimed it had obtained a patent.

Chanel No. 5 of YSL. It is said to have combined the fragrance of roses, jasmine, and Ylang-ylang. And when Marilyn Monroe was asked what she wore when she slept, she answered, "Chanel No. 5."

Endnote: There are a lot of stories about the legend of the Ylang-ylang: a story about desire, a story about forced possession, yet another about exploitation. And the stories are repeated and intertwined.

✦ ✦ ✦

Discussion Questions

1. What are your favorite flowers?
2. What effect does smelling a fragrant flower have on you?
3. How do you protect your most prized possessions?

Vocabulary

Isinumpa cursed	**pampukaw** for awakening
mababangong bulaklak fragrant flowers	**pagnanasa** desire
kumpisal confess	**pag-angkin** claiming possession
tumanggi refused	**pagsasamantala** exploitation; abuse
nagluksa mourned	**paulit-ulit** repeated
pamatay for killing	**magkakasalikop** crossing each other; intersecting
pampababa for lowering	

Bersiyon 3, ang bersiyong nasa pahina ng pagnenegosyo

Ito'y hindi kuwento kundi kuwento-kuwento, o bali-balita.

Marami daw gamit ang langis ng ilang-ilang: pamparelaks, pamatay sa bacteria, pampababa sa presyon, at pampukaw ng seksuwal na pagnanasa.

Dahil dito, kinontrata na ng Yves Saint Laurent (YSL), na kilala sa mamahaling mga damit, make-up at pabango, ang isang munisipalidad sa Negros Occidental para sa mga ilang-ilang nito. May patent na raw kasi ang YSL.

Chanel no. 5 ng YSL. Pinagsasama raw nito ang mga halimuyak ng rosas, hasmin, at ilang-ilang. At nang tinanong si Marilyn Monroe kung ano ang suot niya sa pagtulog, sumagot siya ng: "Chanel no. 5."

Pangwakas na Tala: Kayraming alamat ng ilang-ilang. May kuwento ng pagnanasa. May kuwento ng pilit na pag-angkin. May kuwento ng pagsasamantala. At paulit-ulit at magkakasalikop ang mga kuwentong ito.

✦ ✦ ✦

Culture/Context Notes

These are only three examples of legends about the Ylang-ylang, a fragrant flower endemic to the Philippines. The first version is by Jose N. Sevilla (1908); the second version focuses on the conventions of romance; while the third is a modern story about the Ylang-ylang that was developed as an essential oil by a top French fashion house but without giving any proper attribution or monetary benefits to the Philippines.

In the story, study abstract nouns or concepts like **kasalukuyan** ("at the moment"), **hiwaga** ("mystery"), **lihim** ("secret"), and **kumpisal** ("confession") to name a few.

Comprehension Questions
1. In the first version, why was the old man banished to live in the forest?
2. In the first version, who was Ylang-ylang?
3. In the second version, what did the Chinese foreigner accidentally do to Cirila?
4. What did Lanubo discover at the tomb of Cirila?
5. In the third version, from where did YSL source its Ylang-ylang flowers?
6. What fragrances were included in Chanel No. 5?

Grammar Focus
Note the use of the prefix **pang** (and variations **pam-** and **pan)** to turn a noun into an adjective to describe how an object or instrument is used.

For instance, **pambahay** literally translates as "for the house" and **pampagana** means "appetizer." Remember that **pang-** becomes **pan** when the first letter of the root word starts with *t, d, l, r,* and *s.* **Pang-** becomes **pam-** when the first letter of the root word starts with *p, b, m,* or *y.*

Use the prefix **pang-/pam-/pan-** in the following words. An example is given:

1. **araw-araw** (for everyday) → **pang**-araw-araw
2. **luto** (for cooking) →
3. **kasal** (for a wedding) →
4. **sulat** (for writing) →

Also observe how **nang** (used to mean "when") and **kung** (used to mean "if") are used.

Here are the examples from the story:

1. Nagbago ang lahat **nang** malapit **nang** maging labintatlong taong gulang ang bata.
2. **Kung** pakakasalan ako ni Cirila, ibibigay ko sa inyo ang lahat ng kayamanan ko.

Write one sentence using **nang** and another sentence using **kung**.

Writing Activity
Describe your favorite flower—what it looks like, what features you like about it, if it has a particular symbol for you.

Mistress

Teresa's morning begins with Tai Chi. Her hands push outwards. Get out. Get out. The sadness. The loneliness.

Her hands pull inwards. Come in, come in. Come on, come on. When can I have the strength?

Before the end of the exercise, she makes a diamond sign using her palms, near the heart. Open the heart. Open the heart. She laughed. Just like a movie title.

On Tuesday, Thursday, and Saturday afternoons, she goes to the Shirley Halili Cruz School of Ballet. Yes, an adult ballet class. Even at forty—ballet? *Chasse, pas de chat, grand jete*. She wanted to jump and jump. And run away. If she could only escape the pain.

And at night, she lights up a candle, just as her grief counselor Cathy had instructed her.

It is so hard to mourn alone.

Because the mistress, though beloved, bears the curse of solitude.

Kerida

Nagsisimula ang umaga ni Teresa sa tai-chi. May itinutulak palabas ang kanyang mga kamay. Umalis ka na. Umalis ka na. Ang lungkot. Ang lumbay.

May itinutulak papasok ang kanyang kamay. Pumasok ka, pumasok ka sa akin. Dali. Dali. Kailan kaya ako magkakaroon ng lakas?

Bago magtapos ang ehersisyo, gumagawa siya ng diamante sa kanyang palad, doon sa may puso. Buksan ang puso. Buksan ang puso. At natatawa siya. Para lang pamagat ng pelikula.

Tuwing Martes, Huwebes at Sabado ng hapon naman, pumupunta siya sa Shirley Halili Cruz School of Ballet. Oo, ballet adult class. Kahit na kuwarenta anyos na siya—ballet? Chasse, pas de chat, grand jete. Gusto niyang tumalon nang tumalon. At tumakas. Kung makatatakas lang sana siya sa sakit.

At sa gabi, nagsisindi siya ng isang kandila, tulad ng bilin sa kanya ng grief counselor niyang si Cathy.

Ang hirap magluksa nang mag-isa.

Pagkat ang kerida, sabihin nang minahal, ay taglay ang sumpa ng pag-iisa.

Discussion Questions
1. How do you start your day?
2. How do you cope with loneliness?
3. How did you cope with the passing away of someone close to you?

Vocabulary

umaga	morning	**lumbay**	deep sadness
tulak	push	**lakas**	strength
kamay	hand	**ehersisyo**	exercise
lungkot	sadness	**palad**	palm

Culture/Context Notes
Tai Chi is a Chinese martial art. Besides being practiced for defense, it is also a popular health and meditation workout.

In the Philippines, especially in rural areas, funeral wakes are characterized by family members and friends "accompanying" the deceased all night, nightly prayers, meals served to guests, and even playing card games or mahjong to keep awake. However, it is also possible that some choose to mourn alone, although experts are encouraging people going through grief to have a support group where they can share and process their experiences and feelings.

Comprehension Questions
1. What does Teresa start with in the morning?
2. How is she feeling?
3. What does she do before she finishes the exercise?
4. Where does she go on Tuesday, Thursday, and Saturday afternoons?
5. Who is her grief counselor?

Grammar Focus

Study the conditional word **kung** (if) as paired with the word **sana** (meaning "wish"). Together, **kung sana** means "if only... I wish."

Kung makatatakas lang **sana** siya sa sakit.
If only she could escape the pain.

If we were to complete the sentence, we can say: "**Kung** makakatakas lang **sana** siya sa sakit, magiging mas mabuti na ang pakiramdam niya. (If only she could escape the pain, she would feel better.)"

Complete the following sentences starting with the words **Kung sana**. Remember that the second clause needs to be in the contemplated aspect.

1. Kung sana mayroon akong isang milyong piso, _____.
2. Kung sana puwede na akong magretiro, _____.
3. Kung sana marami akong panahon, _____.

Writing Activity

Write a letter to Teresa or a friend who is in grief, comforting her in her moment of grief.

The Story of Mambucal Falls

Once upon a time, absence of rain was the main problem for the residents of the town of Mambucal. The soil was increasingly getting arid and it's possible that the trees and plants could die soon. The residents prayed to the goddess, Kanloan. The Mambucal residents promised a virgin, Kudyapa, to Kanlaon. Kudyapa was to be the guardian of fire at the foot of the mountain.

The residents' wishes came true. It rained. They celebrated in unison and expressed gratitude toward Kanlaon.

Everyday, Kudyapa brought flowers to the foot of the mountain. One day, she was found by a hunter from a nearby village.

"Come with me," said the hunter. "I will love you. We'll get married."

Kudyapa was overjoyed. This was the first time she fell in love.

However, when they left the shrine, the ground began to quake and became a continuous tremor. The grounds of the earth began to rip apart. The earth continued to tremble. There were flashes of lightning. The thunder roared; the skies darkened.

Kudyapa was filled with fear. She tried to call out to her newfound lover but she lost her voice. She tried to run away but her feet turned to crystal. She tried to reach out to him but she could not move her hands.

Ang Kuwento ng Talon ng Mambukal

Noong unang panahon, problema ng mga tao na nakatira sa Mambukal ang kawalan ng ulan. Nagiging tuyo na ang lupa at posibleng mamatay ang mga puno at halaman. Nagdasal sila sa diyosa na si Kanlaon. Nangako silang bibig-yan ng dalaga si Kanlaon, si Kudyapa. Ang dalaga ang mag-aalaga sa apoy sa paanan ng bundok.

Natupad ang hiling ng mga tao. Umulan. Nagdiwang sila at nagpasalamat kay Kanlaon.

Araw-araw, nagdadala ng mga bulaklak si Kudyapa sa paanan ng bundok. Isang araw, nakita siya ng mangangaso mula sa katabing nayon.

"Sumama ka sa akin," ang sabi ng mangangaso. "Mamahalin kita. Magpa-pakasal tayo."

Masayang-masaya si Kudyapa. Ngayon pa lang siya umibig.

Pero pagkaalis niya sa dambana, lumindol nang lumindol. Bumuka ang lupa. Kumidlat nang kumidlat. Dumagundong ang kulog. Dumilim ang langit.

Takot na takot si Kudyapa. Sinubukan niyang tawagin ang kasintahan pero wala na siyang boses. Sinubukan niyang tumakbo palayo pero mukhang kris-tal na ang kanyang mga paa. Sinubukan niyang hawakan ang kamay ng kasin-tahan pero hindi niya maigalaw ang mga kamay.

She turned into water. Strong and fast-moving water.

Even the hunter could not move. He turned into a rock.

They are together. Water and rock, as a couple, forming the waterfalls of Mambucal.

✦ ✦ ✦

Discussion Questions

1. Which natural parks have you visited?
2. What volcanos have you personally seen?
3. When was the last time you've spent time with nature?

Vocabulary

lumindol nang lumindol
  continuous earthquake tremors
masayang-masaya extremely
  happy
nagdala brought
natupad came true
hiling wish
nagdiwang celebrated
nagpasalamat expressed
  gratitude
mangangaso hunter
mamahalin will love
magpapakasal will get married
umibig to fall in love

nayon village
tubig water
bato rock
mag-alaga to take care of
puno tree
halaman plants
bundok mountains
apoy fire
ulan rain
kasintahan boyfriend /
  girlfriend; significant other
rumaragasang tubig strong
  and fast-moving water

Culture/Context Notes

This comes from Hernando L Siscar's "A Study of Some Ilongo Folk Tales, Songs, Poems, Legends and Proverbs." (M.A. Thesis, Phil Normal College, 1959, pp. 70–72). Found in Eugenio's book *The Myths*.

Mambukal Falls can be found in the town of Mambukal (or Mambucal) in Negros Occidental. The resort town is known for its seven waterfalls and hot springs.

Naging tubig siya. Rumaragasang tubig.

Hindi na makakilos maging ang mangangaso. Naging bato siya.

Magkasama sila. Mag-asawang tubig at bato, na bumubuo ng talon ng Mambukal.

✦ ✦ ✦

Comprehension Questions

1. Who was Kanlaon?
2. What was Kudyapa's duty?
3. What was the main problem faced by the residents of Mambucal?
4. What did the townspeople wish for?
5. What did Kanlaon promise the residents? Did it come true?
6. What did Kudyapa bring to the foot of the mountain?
7. What was Kudyapa's reaction after her encounter with the hunter?
8. In the end, what happened to Kudyapa and the hunter?

Grammar Focus

Study how **pero** ("but") was used as a connecting word in the story. Here are two sentences:

1. Sinubukan niyang tumakbo palayo **pero** mukhang kristal na ang kanyang mga paa.
2. Sinubukan niyang hawakan ang kamay ng kasintahan **pero** hindi niya maigalaw ang mga kamay.

Practice the use of **pero** by completing the following sentences:

1. Sinubukan kong bumili ng tiket sa eroplano pero...
2. Sinubukan kong tapusin ang proyekto pero...

Writing Activity

Describe a personal experience of traveling in the midst of the great outdoors.

The Woman Who Was Always Widowed

There was a very beautiful woman who lived in Kalibo, Aklan. Her beauty was compared to flowers and her inner gentleness as deep as a lake.

The pretty girl was only sixteen years old when she got married to a strong young man. But in less than a year, the lad got sick and passed away.

The very charming woman remarried. The new man was strong and healthy but he got sick and passed away.

The same thing happened to the third husband. Because of this, she turned out to be the woman who was always a widow.

However, it didn't take long for the captivating woman to marry again. On the day of the wedding, a stranger passed by their town. When he saw the pretty woman, he thought she wasn't ordinary. The stranger talked to the bridegroom.

On the night of the wedding, the newly married man couldn't sleep. He remembered the stranger. By midnight, the man felt something was on top of him and something pricked his neck. He immediately stabbed it with a dagger and screamed. He heard the sound of wings.

The relatives of the man entered the room. They saw the bloodied man. The captivating woman was no longer there. Instead, there was a bat that flew outside.

When morning came, the very beautiful woman was seen lying on the ground. She had a wound on her chest. The charming, pretty, and very attractive woman was a shapeshifter after all.

Ang Babaeng Palaging Nabibiyuda

May napakagandang babae na nakatira sa Kalibo, Aklan. Inihahambing ang kanyang kariktan sa mga bulaklak at ang kanyang payapang loob sa malalim na lawa.

Labing-anim na taon pa lamang ang marikit na babae nang mag-asawa ng isang matipunong binata. Pero wala pang isang taon, nagkasakit ang lalaki, at namatay.

Nag-asawang muli ang kaakit-akit na babae. Malakas at malusog ang lalaki pero nagkasakit din ito at yumao.

Ganoon din ang nangyari sa ikatlong asawa. Dahil dito, siya ang babaeng palaging biyuda.

Gayon pa man, dahil nga kabigha-bighani ang babae, hindi nagtagal at iki-nasal siyang muli. Sa araw ng kasal, may estranghero na dumaan sa kanilang nayon. Nang makita niya ang marilag na babae, naisip niyang hindi ito ordinar-yo. Kinausap ng estranghero ang lalaki.

Noong gabi ng kasal, hindi makatulog ang lalaki. Naalala niya ang sinabi ng estranghero. At sa hatinggabi, naramdaman ng lalaki na may nasa ibabaw niya at may tumusok sa kanyang leeg. Agad niya itong sinaksak ng punyal at sumigaw. Nakarinig siya ng tunog ng mga pakpak.

Pumasok ang mga kamag-anak ng lalaki sa kuwarto. Nakita nila ang du-guang lalaki. Wala na ang maalindog na babae. Sa halip, may paniki na lumi-lipad palabas.

Pagdating ng umaga, nakita ang napakagandang babae sa lupa. May sugat sa dibdib. Ang babaeng marikit, marilag, at kaakit-akit ay isa palang aswang.

Discussion Questions
1. What thriller or horror films have you watched?
2. How do you react when people tell you ghost stories?
3. When did you first hear about an urban legend and what was it?

Vocabulary

napakaganda	very beautiful	**duguang**	bloodied
kariktan	beauty	**kaakit-akit**	very attractive
malalim	deep	**marilag**	pretty
nagkasakit	got sick	**marikit**	charming
palagi	always	**asawa**	partner; gender
biyuda	widow		neutral term for husband
kabigha-bighani	alluring;		or wife
captivating		**aswang**	shapeshifter

Culture/Context Notes
The story comes from Daminian L. Eugenio's "The Girl of Many Loves." Eugenio got this from *Philippine Tales and Fables* compiled by Manuel and Lyd Arguilla (Manila: Capitol Publishing House, Inc. 1957), pp. 19–20. It is perhaps tales like these, identified as a folktale from Aklan, that stigmatized the provinces of Aklan and Capiz as the home and/or origin of the most number of *aswang*.

Interestingly, the fear of the *aswang* has also been used to instill discipline, not only as a way to keep children inside the house after dark, but also to discipline radical bodies. From 1950–1954, the U.S. Central Intelligence Agency's Major General Edward Landsale used the *aswang* in the counterinsurgency campaign against the Hukbalahap, a peasant-based resistance army, initially formed by the Partido Komunista ng Pilipinas (Communist Party of the Philippines) to fight against the Japanese Occupation. Bliss Cua Lim's *Translating Time: Cinema, the Fantastic, and Temporal Critique*, 2009, describes Landsdale's tactics, as given in the general's memoirs (Lim 140):

"Landsdale claims to have sent psy-war teams into a village in order to spread rumors that an *aswang* was on the loose in the Huks' turf. Following the implantation of this rumorscape, a captured Huk guerrilla was killed; the psy-war team put two holes in the dead Huk's throat and drained his corpse of blood. Huk guerrillas encountered the apparently vampirized body and according to Landsdale, dispersed in terror."

Comprehension Questions

1. To what is the woman's beauty being compared?
2. How old was the woman when she first got married?
3. How many times did she get married?
4. What did the man do to the creature he saw on the night of his wedding
5. What did the man see on the ground in the morning?

Grammar Focus

Study how the word **na** is used as a relative pronoun ("who, that").

Sa araw ng kasal, may estranghero **na** dumaan sa kanilang nayon.

Complete the following sentences by using **na** and an adjectival phrase/clause.

1. Pinakasalan niya ang babae na _____.
2. Tinawag ko ang bata na _____.

Writing Activity

Imagine how the woman felt about her circumstances and what she was probably thinking before preying on her latest husband.

The Wak-wak Queen of Mt. Diwata

He was born as Wendell. His parents called him Weng. To friends, he was Wanda or Shala, the student leader, writer, and managing editor of the *Philippine Collegian* of the University of the Philippines.

But when he joined the underground revolutionary movement and became a guerrilla, his name became Ka Waquin. Yes, he who wore glasses, was slim and fair; he who liked floral and purple umbrellas; he who liked to dance; he who ate slowly, was slow in taking a bath, and slow to wake up; he who was gay and accepted his sexual orientation. He was a guerrilla.

I was very surprised when I visited their camp. I saw Wendell in the camp, sitting on a hammock, seemingly content. "Why is Waquin (pronounced as Joaquin) your choice of name?" I asked.

Ka Waquin laughed, "Well, I am the Wakwak Queen of Mount Diwata!" he boasted. It was true that many comrades had remarked how beautiful he was.

Ang Wak-wak Queen ng Bundok Diwata

Wendell siya nang ipinanganak. Weng naman ang tawag sa kanya ng mga magulang. Sa mga kaibigan, siya si Wanda o Shala, ang lider-estudyante, manunulat, at managing editor ng *Philippine Collegian* ng Unibersidad ng Pilipinas.

Pero nang sumanib siya sa lihim na rebolusyonaryong kilusan at naging gerilya, Ka Waquin ang pinili niyang pangalan. Oo, siyang nakasalamin, payat, at maputi, siyang dating mahilig sa mga bulaklaking payong at kulay lila na payong, siyang mahilig sumayaw, siyang mabagal kumain, mabagal maligo, at mabagal gumising, siyang bakla na tanggap ang kasarian. Gerilya siya.

Gulat na gulat ako nang bumisita ako sa kampo nila. Nadatnan ko si Wendell sa kampo, nakaupo sa duyan, kontentong-kontento. "Bakit naman Waquin (na ang bigkas ay Joaquin) ang napili mong pangalan?" tanong ko.

Humalakhak si Ka Waquin, "Aba, ako yata ang Wakwak Queen ng Bundok Diwata!" pagmamalaki niya. Ang totoo, marami raw kasama ang nagsasabing maganda siya.

Mount Diwata is very beautiful. It is a lofty mountain, it has big trees that could not be embraced by a single person, and the waterfalls are also tall. Ka Waquin narrated, how sometimes, when they camped by the waterfalls, when everyone was asleep, he would go out and swim naked in the lake under the waterfalls. And even if the food served frequently was *bulad* or dried fish or mung beans, there were, at times, blessings of a "milo" or civet cat caught by fellow guerrillas.

Ka Waquin was also loved by the *lumad* or indigenous people and the farmers. "You're a graduate of the university?" they asked with wonder. "Thank you for coming to our place."

Waquin studied the language of the *lumad* so he could teach them how to read, count, and calculate. He was also part of those who taught organic farming, and organized medical missions in the barrio for circumcision, reflexology, and acupuncture. They also put up a rice mill. Sometimes, Ka Waquin and the guerrillas were also consulted by the farmers and the *lumad* about all kinds of things: land disputes, mining groups that wanted to enter the *barrio*, local criminals, abusive military soldiers.

Ka Waquin was really skilled. He was skilled in writing, teaching, research, and planning tactical offensives. And skilled even in planning weddings.

He was the one who organized the wedding of two comrades. He was the one who looked for the flowers in the forest and made the bouquet. And on the day of the wedding, Ka Waquin was there himself as the wedding planner, wearing a chiffon sarong as miniskirt.

The following day, it was back to work for Waquin, wearing hiking shorts and boots, with a rifle on his shoulder. Then I was transferred to another place.

He was already in a coffin when I saw Ka Waquin next. He was killed in a gunfight between the guerrillas and the soldiers in Sitio Pong-pong, Barangay Andap, New Bataan, Compostela Valley. The story was, Wendell was killed beside a *lumad* fighter named Sario "Ka Glen" Mabanding. Ka Glen used his body to shield the bullets hoping that they could not reach Ka Waquin.

At the wake, his parents narrated how they rode the bus, motorcycle, and walked, during their trip that took more than six hours just to visit their child. How they learned and understood the life of their child. They narrated how, at the morgue, they saw the farmers guarding their son's corpse from the military.

Maganda ang Bundok Diwata. Matayog ang bundok na ito, malalaki ang mga puno na hindi kayang mayakap ng isang tao, at matataas din ang mga talon. Kung minsan, kuwento ni Ka Waquin, kapag nagkakampo sila sa tabi ng talon, kapag tulog na ang lahat, lalabas siya at lalangoy nang hubad sa lawa sa ilalim ng talon. At kahit madalas ang pagkain ay bulad o pinatuyong isda o munggo, paminsan-minsan naman ay may biyayang milo o civet cat ang gubat na nahuhuli ng mga kasamang gerilya.

Mahal na mahal si Ka Waquin ng mga lumad at magsasaka. "Gradweyt ka pala sa unibersidad?" pagtataka nila. "Salamat at napunta ka rito sa amin."

Pinag-aralan kasi ni Ka Waquin ang wika ng mga lumad para maturuan niya sila na magbasa, magbilang, at magkuwenta. Kasama din siya sa mga nagtu-turo ng organikong pagsasaka, at sa nag-oorganisa ng mga medical mission sa baryo para sa pagtutuli, reflexology, at acupuncture. Nagtayo rin sila ng gilingan ng palay o rice mill. Minsan, tinatanong ng mga magsasaka at lumad si Ka Waquin at ang mga gerilya kung ano ang dapat gawin tungkol sa kung ano-ano: away sa lupa, minahan na gustong pumasok sa baryo, lokal na krim-inal, abusadong sundalo.

Mahusay kasi talaga si Ka Waquin. Mahusay magsulat, magturo, magsuri, at magplano ng taktikal na opensiba. At mahusay kahit sa pagpaplano ng kasal.

Siya ang nag-organisa ng pagkakaisang-dibdib ng dalawang kasama. Siya mismo ang naghanap ng mga bulaklak sa gubat at gumawa ng mga bouquet. At sa araw ng kasal, naroroon si Ka Waquin bilang wedding planner mismo, nakasuot ng chiffon na sarong bilang mini-skirt.

Kinabukasan, balik uli siya sa trabaho, nakasuot ng hiking shorts at botas, may sukbit na baril. Ako naman ay napalipat na rin sa ibang lugar.

Nakakabaong na siya nang makita kong muli si Ka Waquin. Napatay siya sa labanan ng mga gerilya at sundalo sa Sitio Pong-pong, Barangay Andap, New Bataan, Compostela Valley. Ang kuwento, namatay si Wendell na katabi ang lumad na mandirigmang si Sario "Ka Glen" Mabanding. Ginamit ni Ka Glen ang katawan para salagin sana ang mga bala at hindi mahagip si Ka Waquin.

Sa burol, ikinuwento ng kanyang mga magulang kung paano sila nag-bus, nag-motor at naglakad, sa biyaheng mahigit anim na oras para mabisita ang anak. Kung paano nila nalaman at naintindihan ang buhay ng anak. Ikinuwento nila kung paanong sa morge, nadatnan nila ang mga magsasaka na binaban-tayan ang bangkay ng anak mula sa militar.

About his son, Wendell/Ka Waquin, the father said, "If you are to ask me how he died, I will tell you how he lived."

And I felt the pride in his voice.

We honor you, Ka Waquin. No comrade passes away alone.

✦ ✦ ✦

Discussion Questions

1. What particular causes do you advocate?
2. What is your view on the LGBTQ+ community?
3. How do you show your patriotism for your motherland?

Vocabulary

Ka Waquin Comrade Waquin (**Ka** is short for **Kasama** or "comrade")

gulat na gulat very surprised

kontentong-kontento very contented

kung ano-ano all kinds of things

pagkakaisang-dibdib act of getting married

kasal wedding

kabaong coffin

dama feel

pagmamalaki pride

ipinagkakapuri honor/to honor

Culture/Context Notes

The story was based on the articles "In Memory of Wendell 'Ka Joaquin' Gumban" written by Ka Ben and published by *Pinoy Weekly* on August 2, 2016, and "A Sense of Wanda" by Kristine Angeli Sabilo, published in the *Philippine Daily Inquirer* on October 9, 2016. https://newsinfo.inquirer.net/823162/wanda

In an ideal world, the English translation should have used the preferred unarticulated pronoun of the deceased. This was not a problem when writing the story in Filipino, as pronouns are not gendered.

Creating character portraits uses words that describe the physical traits and personality of a person. It is also used to describe relationships among characters.

Ang sabi ng ama tungkol sa kanyang anak na sa Wendell/Ka Waquin, "Kung tatanungin ninyo ako kung paano siya namatay, ang ikukuwento ko ay kung paano siya nabuhay."

At dama ko ang pagmamalaki sa kanyang boses.

Ipinagkakapuri ka namin, Ka Waquin. Walang kasamang nabubuwal nang mag-isa.

✦　✦　✦

Comprehension Questions
1. What movement did Wendell join?
2. Why did he choose the name Waquin?
3. How did he die?
4. What will his father say if you ask him how his son died?

Grammar Focus
Study the use of the word **nang** ("when") as a connecting word in the following sentence.

Nakakabaong na siya **nang** makita kong muli si Ka Waquin.

Write two sentences using the word **nang**. Describe a person at the first moment when you saw him/her. Another example is provided.

Example: Nakasuot na ang mga estudyante ng toga nang makita ko sila sa auditorium na pagdadausan ng graduation ceremony.

Writing Activity
Rewrite a news story and add emotions to the characters.

The Changing Story of the Strong and the Beautiful

First Version:

In the story found in the book of an American woman who had lived in the Philippines, there was no land on earth, just the sea and the sky. One day, an eagle that was flying got tired, so it stirred up the sea, until the sea threw water to the sky. To stop the sea, the sky threw islands into the sea. Then, it commanded the eagle to perch on one of the islands, make a nest and leave the sky and sea in peace.

Meanwhile, the Northeast Wind was wed to the South Wind, and they had a child—Bamboo. One day, Bamboo was floating and hit the eagle. The eagle became angry, pecked at the bamboo, and the first man and woman came out.

The earthquake summoned all the birds and the fish, and they decided that the first man and woman should wed. They had many children, and it was from them that all the races came from.

The children increased in number, and their house was full of chaos, so the father got a stick to beat them. The children became afraid and hid. Those who hid in concealed rooms became leaders; those who hid in the walls became slaves. Those who ran outside became free men and women, those who hid in the fireplace became the black race, and those who went to the sea and returned became the white race.

✦ ✦ ✦

Ang Nagbabagong Kuwento nina Malakas at Maganda

Unang Bersiyon:

Sa kuwento na nasa libro ng Amerikana na tumira sa Pilipinas, walang lupa noon sa daigdig, dagat lang at langit. Isang araw, napagod ang isang agilang lumilipad, kaya't ginulo niya ang dagat hanggang sa magtapon ang dagat ng tubig paakyat sa langit. Upang pigilan ang dagat, nagtapon din ang langit ng mga isla sa dagat. Pagkatapos, inutusan nito ang agila na humapon sa isa sa mga isla, gumawa ng pugad, at iwang mapayapa ang langit at dagat.

Samantala, ikinasal naman ang hanging amihan sa habagat, at nagkaroon sila ng anak—si Kawayan. Isang araw, lumulutang-lutang ang kawayan at natamaan ang agila. Nagalit ang agila, at tinuka nito ang kawayan, at lumabas ang unang babae at ang unang lalaki.

Tinawag ng lindol ang lahat ng ibon at isda, at sila ang nagdesisyon na dapat ikasal ang unang babae at lalaki. Nagkaroon sila ng maraming anak, at galing dito ang lahat ng lahi.

Dumami ang mga anak, at naging magulong-magulo sa bahay, kaya nagalit ang ama, at kumuha ito ng kahoy na pamalo. Natakot ang mga anak at nagtago sila. Ang mga nagtago sa mga kubling kuwarto ay naging mga pinuno; ang mga nasa dingding, ang naging alipin. Ang mga tumakbo sa labas ay naging mga malayang tao, ang mga nagtago sa pugon ang naging lahing itim, at ang mga nagpunta sa dagat at nagbalik, ang mga lahing puti.

✦ ✦ ✦

Second Version:
In the story that became popular, the man and the woman became the Strong and the Beautiful. The bird became a hawk, and after many years, became the Sarimanok, a bird with many colors but was only in one's mind.

One day, there was a president who wanted to be king forever. He got a painter to create two pictures. The first looked like him—the Strong; the second looked like his wife—the Beautiful.

The Liberating Version:
The free version is ever changing. Some say that the Strong is a woman. Some say that two men or two women came out of the bamboo, and that they were both Strong and Beautiful.

My version has no name—it aspires of strength and beauty, and more than this, valor and courage. Children who are not divided by race or class but are one in their goal—a world free from oppression, where there is equality of gender and class and race.

Ikalawang Bersiyon:

Sa kuwentong naging popular, ang lalaki at ang babae ay naging sina Malakas at Maganda. Ang ibon ay naging lawin, at pagkatapos ng maraming taon, naging Sarimanok, isang ibon na maraming kulay ngunit nasa isip lang.

Isang araw, may isang pangulo na gustong maging hari habambuhay. Kumuha siya ng pintor para gumawa ng dalawang larawan. Ang una'y kamukha niya—si Malakas; ang ikalawa'y kamukha ng kanyang asawa—si Maganda.

Ang Malayang Bersiyon:

Ang malayang bersiyon ay bersiyon na nag-iiba-iba. May mga nagsasabing si Malakas ay babae. May nagsasabi na lumabas sa kayawan ang dalawang lalaki o dalawang babae, na parehong Malakas at Maganda.

Ang aking bersiyon ay bersiyong walang pangalan—na naghahangad ng lakas at ganda at higit pa rito, ng giting at tapang. Ang mga anak ay hindi nahahati sa lahi o sa uri, kundi nagkakaisa sa layunin—isang daigdig na malaya sa pang-aapi, at mayroong tunay na pagkakapantay-pantay, ano man ang kasarian at uri at lahi.

Discussion Questions:
1. What does the word "creation" mean to you?
2. How should one treat nature?
3. In your opinion, how was the world created?

Vocabulary

Study the following Tagalog nouns, adjectives, verbs that were used to give more specific descriptions and action in the story. Some of these words may be familiar to you.

dagat	ocean	natamaan	got hit
langit	sky	tinuka	pecked
isla	island	kahoy na pamalo	wood used to hit something/someone
agila	eagle		
ibon	bird	nagtago	hid
amihan	northeast wind	lahi	race
habagat	south wind	kubling kuwarto	concealed room
kawayan	bamboo	pinuno	leaders; chiefs
lindol	earthquake	alipin	slaves
lawin	hawk	pugon	fireplace; stove
daigdig	world	habambuhay	forever
magtapon	throw	nag-iiba-iba	changing
lumilipad	flying	naghahangad	aspires
pigilan	prevent	giting	valor
humapon	perch	lahi	race
iwan	leave	kasarian	gender
mapayapa	peaceful	uri	class
lumulutang-lutang	floating	pang-aapi	oppression

Culture/Context Notes:
The first version was sourced from the book, *Philippine Folk Tales* that was compiled and annotated by Mabel Cook Cole in 1916. She was a scholar, anthropologist, and book author whose study of ancient man included the early Filipinos.

An online version of the story can be read through Project Gutenberg Ebook #12814, which was released on March 27, 2008. (Link: http://www.gutenberg.org/files/12814/12814-8.txt)

The second version has references to the former President of the Philippines, the late Ferdinand Marcos and his wife, Imelda Romualdez Marcos. He ruled the country for two decades—from 1965 to 1986—and was a known dictator whose Martial Law regime was infamous for its excessiveness and brutality. He was ousted through people power during the EDSA Revolution of 1986.

A controversial painting titled, "Si Malakas at Si Maganda" was commissioned by Marcos to the painter Evan Cosayco and the resulting diptych (a two-part painting) showed a brawny Marcos and a ravishing Imelda. The paintings were part of the myth-making campaign of the administration to portray his utopic New Society vision.

Comprehension Questions
1. What came out of the bamboo that was pecked by the angry eagle?
2. In the story, how did the black race and the white race come about?
3. What was the name of the mythical bird in the second version?
4. Who were portrayed as Malakas and Maganda in the second version?
5. Which is your favorite version of the story and why?

Grammar Focus
Study the use of the contraction **kaya't** (from **kaya** and **at**, meaning "and so") in the following sentence from the story. Note that **kaya't** is usually used to introduce a consequence of the earlier action.

Isang araw, napagod ang isang agilang lumilipad, **kaya't** ginulo niya ang dagat hanggang sa magtapon ang dagat ng tubig paakyat sa langit.

Complete the following sentences.

1. Buong araw akong nagtrabaho, kaya't _____.
2. Galit na galit ang babae kaya't _____.
3. Gusto niyang makapasok sa unibersidad nang maaga kaya't _____
_____.

Writing Activity
How would you write a fourth version of "Si Malakas at Si Maganda?"

The White Lady at Balete Drive

There is a woman in white haunting Balete Drive.

The story of a policeman is that he was driving his patrol car when he saw the woman. She was wearing white. She was making signs with her index finger, giving signals that she wanted a ride. The policeman was scared for the woman. She might get kidnapped, raped, or killed.

The policeman offered the woman a ride in the patrol car. "I'll take you to the España Extension," he said.

The woman in white rode in the back of the car. Upon arriving at the España Extension, the policeman looked at the back of the car. The woman was gone.

There are two stories about the woman.

First story: The woman was abandoned at the marriage altar. Frustrated in love, she committed suicide. She hanged herself on a tree.

Second story: A taxi driver raped and killed the woman. She is haunting because she is looking for the man who killed her.

The first narrative is about tragic love. The second narrative is a story of crime and revenge.

Whatever the story is, there is always a reminder. Do not go out at night. You might see the woman in Balete Drive. You might be mistaken as someone who is an addict. They might think you're an activist, which in turn means one could be captured, missing, and killed by the military.

The third narrative refers to Martial Law and times similar to Martial Law: All kinds of evil creatures are roaming everywhere. Let's all be careful.

Ang Babaeng Nakaputi sa Balete Drive

Nagmumulto ang babaeng nakaputi sa Balete Drive.

Ang kuwento ng isang pulis, nagmamaneho siya ng patrol car nang may makita siyang babae. Nakaputi ito. Nakataas ang hintuturo, senyales na gusto nitong makisakay. Natakot ang pulis para sa babae. Baka ma-holdup, maga-hasa, mapatay.

Inalok ng pulis ang babae na sumakay sa patrol car. "Ibababa kita sa España Extension," sabi niya.

Sumakay ang babaeng nakaputi sa likod ng kotse. Pagdating sa España Extension, lumingon ang pulis sa likod ng kotse. Wala na ang babae.

Dalawa ang kuwento tungkol sa babae.

Unang kuwento: Iniwan ng nobyo ang babae sa altar. Bigo sa pag-ibig, kaya nagpatiwakal. Nakita siyang nagbigti sa puno.

Ikalawang kuwento: Ginahasa at pinatay ang babae ng drayber ng taksi. Nagmumulto siya dahil hinahanap niya ang pumatay sa kanya.

Ang una ay salaysay ng sawing pag-ibig. Ang ikalawa ay kuwento ng krimen at paghihiganti.

Anuman ang kuwento, may paalala. Huwag lumabas sa bahay sa gabi. Baka makita mo ang babae sa Balete Drive. Baka ka ma-tokhang, na ang ibig sabi-hin, mapagkamalang adik. Baka aktibista ka at mapabilang sa nasa-salvage na ang ibig namang sabihin, nadudukot, nawawala, at napapatay ng militar.

Ikatlong naratibo sa panahon ng Batas Militar at mala-Batas Militar. Guma-gala-gala ang kung ano-anong maligno sa paligid. Mag-ingat po tayo.

Discussion Questions

1. Give at least one urban legend that you know.
2. What do you think will be the pros and cons of having a curfew imposed in your neighborhood?
3. What is the ideal police-community relationship?

Vocabulary

nagmumulto	haunting	**kotse**	car
puti	white	**puno**	tree
babae	woman	**gahasa**	rape
pulis	police	**bigti**	to hang
hintuturo	forefinger / index finger	**tokhang**	from the root word **tok-tok** ("knock knock")

Culture/Context Notes

Balete Drive is a wide two-lane street in Quezon City, located in Metro Manila. Urban legend has it that the street is where the ghost of the White Lady appears to scare drivers and pedestrians at night. Besides being poorly lighted, with high concrete walls covering the light of the posh homes of its neighborhood, the street becomes eerily dark as lamp posts are tall and are blocked by old Balete trees that are said to be where supernatural spirits like to dwell.

Just as the message of the legend is about avoiding being on the streets late at night, Martial Law (1972–1981) imposed curfew hours between 12 midnight to 4 a.m. as a measure to suppress anti-Marcos militant activities.

In present times, there is a curfew on minors in specific cities in the Philippines. Oplan Tokhang, the Duterte administration's campaign against drugs, has pushed neighborhoods to impose their own curfew hours following the violent turn of events brought about by the drive. **Tokhang** comes from the Cebuano phrase that means **katok hangyo** (**katok** means "knock"; **hangyo** means "negotiate") and refers to a courteous visit by the police or *barangay* officials to inquire if someone from a household is a drug user or drug pusher. But the term "**tokhang**" has taken on a negative connotation as the number of drug-related killings continues to increase. Similarly, activists have been targeted and have been arrested, imprisoned, or summarily executed.

Comprehension Questions
1. Where did the policeman see the woman?
2. Did the policeman take the woman in his car?
3. Where did the policeman intend to drop her off?
4. What is the theme of the first narrative of the story?
5. What is the theme of the second narrative of the story?

Grammar Focus
Review how the words in bold in the following example sentences have been used to connect clauses in the following sentences:

1. Nagmamaneho siya ng patrol car **nang** may makita siyang babae.
2. Bigo sa pag-ibig, **kaya** nagpatiwakal.
3. Nagmumulto siya **dahil** hinahanap niya ang pumatay sa kanya.

Write sentences using the words: **nang, kaya**, and **dahil**.

Writing Activity
Narrate a famous urban legend.

Felipe's Cat

Felipe's new cat, Muning, keeps following him. When he's lying down on the sofa, it would sit beside him. When he's eating at the dining area, it would sit on the chair beside him as if waiting to take part in the meal. And at night, when he is sleeping, it would insist on cuddling beside him.

Muning is their neighbor's pet. But since she would be going home to the province, Felipe's mother thought of adopting the cat. It's because she heard the neighbor say, "When there is a cat in the house, the child learns how to take care of others."

That is why his mother makes him do a lot of things for the cat. He helps his mother prepare the food for Muning. He also helps in making sure it has water. He also helps in cleaning the box where it poops. "It stinks!" complains Felipe.

His mother told him, he should play with the cat. She gave him a small ball, a toy mouse, and toy birds tied to a string that is attached to a long stick. It is said that cat needs to run around to be entertained.

"It only wants to sleep, Mother!" reasoned out Felipe. Apparently, one is supposed to touch the head of Muning. Or stroke its neck. The cat is happy in return.

Ang Pusa ni Felipe

Sunod nang sunod lagi kay Felipe ang kanyang bagong pusa na si Muning. Kapag nagpapahinga siya sa sofa, tatabi ito sa kanya. Kapag kumakain naman siya sa komedor, nakaupo naman ito sa tabi ng silya niya, parang naghihintay na makisalo. At sa gabi, kapag matutulog na siya, pilit itong sisiksik sa kanyang kama.

Pusa ng kapitbahay nila si Muning. Pero dahil uuwi na ito sa probinsiya, naisip ng nanay niyang ampunin ang pusa. Ang narinig kasi niyang sabi ng kapitbahay, "Kapag may pusa sa bahay, natututo ang bata na mag-alaga ng iba."

Kaya tuloy dumami ang pinagagawa ng nanay niya sa kanya. Tumutulong siya sa nanay niya sa paghahanda ng pagkain ni Muning. Tumutulong din siya sa pagtitiyak na lagi itong may tubig. Tumutulong din siya sa paglilinis ng kahon kung saan ito dumudumi. "Ang baho po!" reklamo ni Felipe.

Ang sabi ng nanay niya, dapat daw laruin niya ang pusa. Binigyan siya nito ng maliit na bola, laruang daga, at mga ibon na nakakabit sa lubid na nakakabit naman sa mahabang patpat. Kailangan daw kasing tumakbo-takbo ng pusa para malibang.

"Gusto lang matulog niyan, Inay!" katwiran naman ni Felipe. Dapat naman daw ay hinahawak-hawakan niya ang ulo ni Muning. O kaya ay hinihimas-himas ang leeg nito. Tuwang-tuwa naman ng pusa.

Felipe doesn't know if he will be annoyed or pleased. He is only five years old. This is what enters his mind: What if I pull the cat's tail? What if I run after it to drive it away from the house? What if I just have a dog?

It's already ten in the evening. "Go to sleep," ordered Felipe's mother.

When Muning cuddled again on his bed, Felipe asked his mother, "Why does Muning want to sleep on my bed?"

And his mother told him what cats do at night.

"In case an evil shapeshifter comes in, the cat will tell it to count all its fur. If the evil shapeshifter can count all the fur of the cat, then the evil shapeshifter can get the sleeping child.

"The evil shapeshifter will count but the cat will move. The evil shapeshifter will start counting again. There are many, many strands of fur in a cat.

"When the sun starts to peek, the evil shapeshifter has to leave. That's because it is afraid to be hit by the light."

Before the mother could end the last sentence of the story, Felipe was fast asleep. He was tightly hugging Muning.

✦ ✦ ✦

Discussion Questions
1. Are you a cat or dog person?
2. How do you take care of your pet?
3. What do you like most about your favorite pet?

Vocabulary	
pusa cat	**hinihimas-himas** stroke, caress
aso dog	**sumiksik** to cuddle
komedor dining room	**aswang** general term for "evil shapeshifter"
alaga pet	
ampunin to adopt	**balahibo** fur
daga mouse	**liwanag** light

Hindi alam ni Felipe kung maiinis siya o matutuwa. Limang taong gulang lang kasi siya. Ang pumapasok sa utak niya ay ito: Paano kaya kung hilahin ko ang buntot ng pusa? Paano kung habulin ko ito palabas ng bahay? Paano kung aso na lang ang mayroon ako?

Alas-diyes na nang gabi. "Matulog ka na," ang utos ng nanay ni Felipe.

Nang magsumiksik na naman si Muning sa kama niya, tinanong ni Felipe ang nanay niya, "Bakit po gusto ni Muning na sa kama ko natutulog?"

At ikinuwento na nga ng nanay niya ang tungkol sa ginagawa ng mga pusa sa gabi.

"Sakaling may dumating na aswang, sasabihin ng pusa na bilangin nito ang lahat ng kanyang balahibo. Kung mabibilang ng aswang ang lahat ng balahibo ng pusa, puwede nang makuha ng aswang ang batang natutulog.

"Magbibilang ang aswang, pero gagalaw ang pusa. Magsisimula muli ang aswang sa umpisa ng pagbilang. Ang dami-daming balahibo ng pusa!

"Kapag dumungaw na ang araw, kailangan nang umalis ng aswang. Takot kasi itong masinagan ng liwanag."

Bago matapos ng nanay ang huling pangungusap ng kuwento, nakatulog na si Felipe. Yakap-yakap nito si Muning.

✦　✦　✦

Culture/Context Notes

This is an adaptation of a folktale published in Hiligaynon and English in the book "Hiligaynon Mythological Stories and Folktales: Analysis and Translation" by Amorita C. Rabuco (Iloilo: University of San Agustin Publishing House 2006, p. 278).

In the Philippines, various folklore about the *aswang* abounds. *Aswang* is a general term for shape-shifting malevolent creatures. The *aswang* can be a vampire, witch, werehorse (**tikbalang**), ghoul, weredog, or viscera sucker. The first mention of the *aswang* as part of Filipino folklore could be traced back to the sixteenth century when these were mentioned by Spanish colonizers as the most feared mythical creatures. In contemporary culture, the *aswang* has been portrayed in various films, literature, novels, and theater plays. In folklore, it is believed that cats have the power to detect the presence of *aswang*.

Comprehension Questions

1. How did Muning become Felipe's pet?
2. How old was Felipe?
3. Did Felipe like Muning from the start?
4. What creature enters the house at night?
5. What did Felipe do to Muning at the end of the story?

Grammar Focus

Review the use of **kapag** ("if / when") in the following sentences:

1. **Kapag** nagpapahinga siya sa sofa, tatabi ito sa kanya.
2. **Kapag** kumakain naman siya sa komedor, nakaupo naman ito sa tabi ng silya niya, parang naghihintay na makisalo.

Complete the following sentences:

1. Kapag nagbabakasyon ako...
2. Kapag nagluluto ako...
3. Kapag namimili ako...

Writing Activity
Share something about your favorite pet and the benefits that taking care of one do for you.

Desire

Condensed version of Paz Latorena's story, 1928, first published in the
Philippines Herald

She wasn't exactly a beauty. Her forehead was broad, eyes small, nose
broad and flat, lips thick, jaws wide.

But it seems that nature was reserved when it created her face. From
her neck to toe, she has a unique beauty. Her breasts are healthy, her
body is slender, arms beautifully shaped, and her legs look like they
belong to a mannequin. It's as if a sculptor created her body. Poets offer
her poems. When you happen to look at her body, you are tempted to
follow her with your gaze.

Yes, when men turn around and see her face, they suddenly turn
away. But when they see her body, they fall for her and become her
slaves.

She despised her body. Alone, she began to write. She would write
about anything, little by little. There is poetry, there is prose, and about
the dream of the heart seeking love. She sent it to a newspaper and it
was published.

Then someone came into her life. A white-skinned foreigner. He found
something unique in her writing. He wrote a letter to her. She answered
and soon, she asked him to let her get to know him more personally.

Pagnanasa

Pinaiksing halaw ng kuwento sa Ingles ni Paz Latorena, 1928, na unang nalathala sa *Philippines Herald*

Hindi siya kagandahan. Malapad ang kanyang noo, maliliit ang mata, pango ang ilong, malalaki ang labi, malaki ang panga.

Pero parang nahiya ang kalikasan sa paglikha ng kanyang mukha. Kaya naman, mula leeg hanggang sa daliri ng kanyang paa, mayroon siyang kakaibang kagandahan. Malusog ang kanyang dibdib, balingkinitan ang hugis ng katawan, maganda ang hubog ng braso, at mukhang binti ng manekin sa eskaparate ang kanyang mga binti. Para ngang gawa ng iskultor ang kanyang katawan. Tinutulaan ng mga makata. Mapapalingon ka.

Oo, kapag lumingon ang mga lalaki at nakikita ang kanyang mukha, umiiwas sila ng tingin. Kapag lumingon sila at nakikita ang kanyang katawan, nagiging alipin.

Kinasuklaman niya ang kanyang katawan. At sa mga sandali ng pag-iisa, nagsimula siyang magsulat. Paunti-unti. Kung ano-ano. May patula, may prosa, may tungkol sa pangarap ng puso na naghahanap ng pag-ibig. Ipinadala niya ito sa diyaryo at nalathala naman.

At may dumating sa buhay niya. Ang dayuhang puti. May nakita itong kakaiba sa kanyang panulat. Lumiham ito sa kanya. Sinagot naman niya ito, at hindi nagtagal, hiniling nitong makilala siya nang personal.

They met in Manila Bay. The man talked about the sea, his home from afar, the blueness of the sea and the blue eyes of the women in his homeland. She listened to his stories.

"You are different from the women of your race," he said, staring at her.

She smiled. Of course, she thought, what he is seeing isn't beauty.

"That's not what I mean," he protested as if he was able to read her mind. "You don't seem to care about tradition. No Filipina comes out without a chaperone, especially with white men."

"When you're not attractive, you don't have to follow tradition. No one notices you. It is the consolation of those who are not beautiful."

"Your ideas are weird," he said.

He looked at her impersonally, as if he was looking for something nice about her.

"I like you," he declared, telling her in a frank way that was natural to his race. "For a long time, I have never known a woman more interesting than you."

And they met again. And again. And her mind was filled with wonderful things. Has she found a man with good intentions? He wanted her. That's what she wanted to believe. As a friend, and as a companion who understands him. That thought brought her a kind of happiness that she had not felt before.

One day, she had an idea. Why not? One time, in the clothes chest, she saw the flimsy, tight-fitting dress that she had not worn for a long time. Before she left, she checked herself in the mirror. Nothing changed in the body she hated for its allure.

And the man indeed was surprised. He got excited.

"Why did you hide your beautiful body for so long?"

"I didn't know it's beautiful," she lied.

"I know it's not polite to call a girl a liar, so I won't. But.... but.... " There was fear in his voice. "Let's just talk about something else."

And she sighed. She had found a man who didn't think there was any significance in the shape of her body. The man had learned to love her for herself.

Sa Manila Bay sila nagkita. Nagkuwento ang lalaki tungkol sa dagat, ang tahanan nito sa malayo, at ang asul ng dagat, at ang asul na mata ng mga babae sa bayang pinagmulan. At nakinig siya sa mga kuwento nito.

"Iba ka sa mga babae ng iyong lahi," ang sabi nito habang nakatitig sa kanya.

Ngumiti siya. Siyempre, naisip niya, ang nakikita nito ay hindi kagandahan.

"Hindi iyan ang ibig kong sabihin," tutol niya, na para bang nababasa ang nasa isip niya. "Parang wala kang pakialam sa tradisyon. Walang Filipina na lumalabas nang walang tsaperon, lalo na't puti ang kasama."

"Kapag hindi ka naman kagandahan, hindi na kailangang sumunod sa tradisyon. Wala namang nakakapansin sa iyo. Konsolasyon iyan ng walang kariktan."

"Kakatwa ang mga ideya mo," pagbibigay-pansin nito.

Impersonal siyang tiningnan ng lalaki, na para bang naghahanap ng kagandahan sa kanya.

"Gusto kita," pagpapasya nito, na sinabi sa prankahang paraan ng mga kalahi. "Sa matagal na panahon, wala akong nakilalang babae na mas interesante pa."

At nagkita silang muli. At muli. At napuno ang kanyang isip ng katuwa-tuwang bagay. Nakahanap na kaya siya ng lalaking tapat ang pagnanais? Gusto siya nito, iyan ang gusto niyang paniwalaan. Bilang kaibigan, bilang kasa-kasamang nauunawaan ang lalaki. At nagdulot sa kanya ang naisip ng kaligayahan – na hindi pa nararanasan.

Isang araw, nagkaroon siya ng ideya. Bakit nga naman hindi? At sa ilalim ng baul, nakita niya ang manipis, at lapat na lapat sa katawan na bestidang matagal na niyang hindi nasusuot. Bago umalis, pinagmasdan niya ang sarili sa salamin. Walang nabawas sa kinasusuklaman niyang karilagan.

At nasorpresa nga ang lalaki. Natuwa.

"Bakit ang tagal mong tinago ang ganyan kagandang katawan?"

'Hindi ko alam na marikit," pagsisinungaling niya.

"Alam kong hindi magalang na tawaging sinungaling ang isang dalaga, kaya hindi ko gagawin. Pero.. pero..." May pangamba sa boses nito. "Iba na lang ang pag-usapan natin."

At napabuntonghininga siya. Nakahanap na siya ng lalaki na hindi naiisip na may kung ano mang kahalagahan ang hugis ng kanyang katawan. Natutunan na siyang mahalin ng lalaki nang dahil sa kanyang sarili.

In their next meeting, she wore a light pink Filipina dress. The man's eyes were bright when he saw her. But she was unsure because the brightness disappeared. Perhaps it was just the lighting. The man loved her for herself.

And they went to the countryside. The breeze was blowing gently and the bamboo trees were singing about love. They visited a chapel where they saw a naked man, crucified, looking at them with eyes full of tragedy and all the sorrows of the world—for the sins of humankind.

She was looking at the figure when she was gripped by a certain sensation that she could not understand. She turned to the man and she saw that he was looking at her…. at her body.

The man blushed. They quietly left the chapel. He helped her get into the car but he did not start the engine just yet.

"My love…," he said trembling a bit, as if being driven by an uncontrollable force. And he stopped.

Her small eyes were almost beautiful in the dim light while she stared at the man. He loved her. Did he not only like her but also love her? For being herself. And the unfinished confession gave her heart so much to feel about.

"I love… your body." The man's blue eyes widened amid the feared and disgusting light.

And she experienced an unexpected protest, a feeling of resentment.

"I'm sorry," the man said.

"For what?" she said in her weary voice. "It's just you being you… just like every other man."

And she smiled… an exhausted smile.

✦ ✦ ✦

Discussion Questions

1. How confident are you about your physical appearance?
2. What do you look for in a romantic partner?
3. When were the times that you were stereotyped for your looks?

Sa susunod na pagkikita, suot niya ang mapusyaw na rosas na damit Fili-pina. Nagningning ang mga mata ng lalaki nang makita siya. Pero kung ang hindi magandang ilaw man na pinangangambahan niya o hindi, hindi niya mat-iyak, dahil nawala ang ningning na ito. Hindi siguro ang hindi magandang ilaw. Mahal siya ng lalaki nang dahil sa kanyang sarili.

At pumunta sila sa kanayunan. Malambing ang hangin at humuhuni ng pag-ibig ang kawayan. Dumalaw sila sa maliit na kapilya kung saan may Lalaking nakahubad, nakapako sa Krus, tumitingin sa kanila nang may mga mata na puno ng trahedya at kalungkutan ng mundo—para sa mga kasalanan ng tao.

Pinagmamasdan niya ang pigura nang may naramdamang kakaiba at hindi maintindihan. Lumingon siya sa lalaki at nakita niyang nakatitig ito sa kanya... sa kanyang katawan.

Namula ang lalaki. Tahimik silang lumabas ng kapilya. Tinulungan siya ni-tong sumakay sa kotse pero hindi agad ito pinaandar.

"Mahal ko..." Nautal ito nang kaunti, na para bang itinutulak ng kung anong hindi mapigilang puwersa. At tumigil.

Halos maganda na ang kanyang maliliit na mata sa malamlam na liwanag, habang nakatingin siya sa lalaki. Mahal na pala siya nito. Hindi lamang siya gusto, mahal na nito? Bilang siya. At umalingawngaw ang hindi pa natatapos na kumpisal sa puso ng babae.

"Mahal ko... ang iyong katawan." At nanlaki ang asul na mga mata sa kina-tatakutan at kasuklam-suklam na liwanag.

At nakaramdam siya ng hindi inaasahang pagtutol, ng pagdaramdam.

"Patawad," ang sabi ng lalaki.

"Para saan?" sabi niya sa pagod na tinig. "Ikaw lang iyan na nagpapa-ka-ikaw... tulad ng iba pang lalaki.

At napangiti siya, isang ngiting pagod na pagod.

✦ ✦ ✦

Vocabulary

Words for parts of the face:
mukha   face
noo   forehead
mata   eyes
ilong   nose
labi   lips
panga   jaw

Words for parts of the body:
leeg   neck
paa   feet
dibdib   chest
braso   arms
binti   legs
katawan   body

Adjectives:
pango   flat nose
kagandahan   beautiful
malusog   healthy
maliit   small
malapad   wide
malaki   big

Abstract Words:
pagnanasa   desire
suklam   hate; disgust
maintindihan   understand
pagtutol   rejection
pagdamdam   resentment
kinakatakutan   feared
kasuklam-suklam   disgusting
pagod na pagod   exhausted

Culture/Culture Notes

Paz M. Latorena (1908–1953) was a fictionist and educator. Although she studied at the University of the Philippines during her undergraduate years, she transferred to the University of Sto. Tomas to earn her college degree in education. That same year, however, Latorena and Loreto Paras-Sulit co-founded the U.P. Writers' Club, which later on produced the country's eminent literary writers. Latorena taught English and literature in UST and was a prolific writer in English.

In many of her short stories, the portrayals of women—their traditional and emerging roles, society's expectations of them, and the struggles of breaking free from stereotypical obligations like marriage and motherhood—were her prevalent themes.

"Desire," published in the *Philippines Herald* in 1928, resonates with Latorena's archetypes of the modern woman in her milieu. In this story, the unnamed female protagonist is a single female who wishes to be truly loved by a man. But her alluring body seems to be getting in the way of finding that Mr. Right. The woman had to deal with the apparent narrow-mindedness of her foreign male date. But rather than be timid and tactful, as ladies were expected to act during her time, the woman spoke out her mind to him.

Comprehension Questions

1. How were the features of the woman's face described?
2. What were some of the things she wrote about?
3. How would you describe the woman's body?
4. Where did she and the foreign man meet?
5. Why didn't she see the need to bring a chaperon on her date?
6. What did she find under the clothes chest?
7. What was the color of the Filipina dress she wore?
8. What did they see in the countryside?
9. What did he love about her after all?
10. How did she react to his surprising revelation?

Grammar Focus

Study the use of the word **na** as a relative pronoun ("who, that, which") in the following sentences:

1. Walang Filipina **na** lumalabas nang walang tsaperon, lalo na't puti ang kasama.

2. Impersonal siyang tiningnan ng lalaki, **na** para bang naghahanap ng kaganda-han sa kanya.

3. Nakahanap na siya ng lalaki **na** hindi naiisip na may kung ano mang kahalaga-han ang hugis ng kanyang katawan.

In the following sentences, supply the adjectival phrase that describes the subject of the sentence, then complete the sentence. These sentences are patterned after the sentences above.

1. Walang babae na _____, lalo na't _____ .

2. May pagmamahal niyang tiningnan ang anak, na _____ .

3. Nakahanap na siya ng kasama sa buhay na _____ .

Writing Activity

Using the third person point of view, describe your physical appearance and how you want people to look at you.

Why the Crow Is Dark

Once upon a time, the crow was a beautiful bird with a gentle chirp. Sinukuan was the god of the universe, the god of plants and animals. There were no people yet.

Sinukuan lived in a beautiful palace. Around the palace, there were gardens made of gold. Two crows lived in the garden. Sweet songs could be heard from them. Their wings were gold, and Sinukuan was very pleased with them.

One day, the world was afflicted with pestilence and many of Sinukuan's animals started to die. Sinukuan left the palace and traveled outside to help the animals.

After three days, Sinukuan returned to the palace. He was very, very tired. He was sad because many animals died. He looked for the crows but they were not in the palace. They were not in the garden, too.

Worrying caused Sinukuan to shout. "Where are you, crows?" Sinukuan called out to them.

He looked for the birds. It wasn't long before he saw the crows near the dead animals. They were eating them and their beaks were full of blood.

When the crows saw Sinukuan, they bowed their heads because they were embarrassed by their greediness and lack of respect for the dead.

Kung Bakit Maitim ang Uwak

Noong unang panahon, magandang ibon ang uwak na may malambing na tinig. Si Sinukuan ang diyos ng sanlibutan, ang diyos ng mga halaman at hayop. Wala pang mga tao noon.

Nakatira si Sinukuan sa magandang palasyo. Sa palibot ng palasyo, may mga hardin ng ginto. Nakatira naman sa mga hardin ang dalawang uwak. Matatamis ang mga awit na maririnig mula sa kanila. Kulay ginto ang kanilang mga pakpak, at tuwang-tuwa sa kanila si Sinukuan.

Isang araw, nagkaroon ng peste sa mundo, at marami sa mga hayop ni Sinukuan ang nagsimulang mamatay. Umalis si Sinukuan sa palasyo at naglakbay para tumulong sa mga hayop.

Pagkatapos ng tatlong araw, umuwi si Sinukuan sa palasyo. Pagod na pagod siya. Malungkot siya dahil namatay ang maraming hayop. Hinanap niya ang mga uwak pero wala sila sa palasyo. Wala rin sila sa hardin.

Napasigaw si Sinukuan sa pag-aalala. "Nasaan kayo, mga uwak?" tawag ni Sinukuan.

Hinanap niya ang mga ibon. Hindi nagtagal, nakita niya ang mga uwak malapit sa mga patay na hayop. Kinakain nila ang mga patay na hayop at punong-puno ng dugo ang kanilang bibig.

Nang makita ng mga uwak si Sinukuan, napatungo sila dahil nahiya sa kanilang katakawan at sa kawalan ng paggalang sa patay.

Full of anger, Sinukuan thought of killing the birds but he controlled himself. Instead, he said, "From here on, you will be ugly and black. You will lose your beautiful voice. The only thing that will be heard from you is the sound of crying."

And that was what happened. The crow, a gluttonous animal, became ugly forever. Because anyone who is gluttonous is ugly and will have no melody all his life.

✦ ✦ ✦

Discussion Questions

1. What are five of your favorite animals?
2. What are the characteristics associated with your favorite animals?
3. Which five of your favorite animal characters are from literature, TV, or film?

Vocabulary

uwak	crow	**nagpigil**	controlled
malambing	gentle	**maganda**	beautiful
sanlibutan	universe	**pangit**	ugly
pagod na pagod	very tired	**masiba**	gluttonous
punong-puno	full of	**habambuhay**	forever

Culture/Context Notes

The story comes from D.S. Fansler's "Filipino Popular Tales," 1921, pp. 421-22. It was narrated by Ricardo Ortega, an Ilocano who lived in Tarlac. The story is Pampango or from Pampanga, a province in the Central Luzon region of the Philippines. It was originally in Kapampangan, the language of Pampanga.

Filipinos love storytelling and this is evident in its rich tradition of folktales, legends, and myths, and unique stories of each region. Dean S. Fansler was an English teacher from Colombia University in the early twentieth century. He was a well-known folklorist who documented Philippine folktales to preserve it.

Sa galit ni Sinukuan, naisip niyang patayin ang mga uwak, pero nagpigil siya. Sa halip, ang sabi niya, "Magmula ngayon, kayo ay magiging pangit at itim na ibon. Mawawala sa inyo ang magandang tinig. Ang maririnig lang mula sa inyo ay pag-iyak."

At ganoon na nga ang nangyari. Ang uwak na masibang hayop ay naging pangit na magpakailanman. Pagkat sinumang masiba ay pangit at ang tinig ay habambuhay na walang himig.

✦ ✦ ✦

Comprehension Questions

1. Who was Sinukuan?
2. What was the original color of the crows in Sinukuan's garden?
3. Why did Sinukuan leave the palace?
4. What were the crows eating when Sinukuan found them?
5. How were the crows changed by Sinukuan?

Grammar Focus

Study the prefix **napa-** which is used for an action caused by/to a person, object, place. The examples in the story are:

Napasigaw si Sinukuan sa pag-aalala.
Nang makita ng mga uwak si Sinukuan, **napa**tungo sila dahil nahiya sa kanilang katakawan at sa kawalan ng paggalang sa patay.

Answer the following questions containing verbs with the prefix **napa-**.

1. Bakit ka napaiyak?
2. Paano napaganda ang lungsod?
3. Bakit napaluhod ang tao na iyon?

Writing Activity

Retell the story making the crow a loyal and gentle creature this time.

Juan Pusong and the Chief

Juan Pusong is a liar, just like what his name suggests.

That is why, one day, he was asked by the chief if there was a lie that he was about to speak. But Juan said, "I'm in a hurry, not today. I will fish in the sea. Please ask your cook to come and I will give him the most beautiful fish."

The chief was very happy. But he never heard anything from Juan after that. The chief then called him and asked, "Where is the fish?"

"Did you not ask me for a lie?" Juan replied.

The chief was very angry. He said, "Do not ever step on my land again."

But one day, after Juan made a cart, he placed sand inside it, sat on top of it and made the carabao pull it. He went to the house of the chief.

"Juan, did I not tell you, do not ever step on my land again?" the chief said.

Si Juan Pusong at ang Pinuno

Sinungaling si Juan Pusong, gaya ng isinasaad ng kanyang pangalan.

Kaya nga, isang araw, tinanong siya ng pinuno kung may kasinungalingan siyang sasabihin. Ang sabi naman ni Juan, "Nagmamadali po ako, kaya huwag ngayon. Mangingisda ako sa dagat. Papuntahin po ninyo ang kusinero ninyo, at bibigyan ko siya ng pinakamagandang isda."

Masayang-masaya ang pinuno. Pero pagkatapos nito, wala nang narinig tungkol kay Juan. Ipinatawag ito ng pinuno. "Nasaan na ang isda?" tanong nito.

"Hindi ho ba humingi kayo ng kasinungalingan?" sagot ni Juan.

Galit na galit ang pinuno. Sabi niya, "Huwag ka na kailanman tatapak sa aking lupain."

Pero isang araw, gumawa ng kariton si Juan, nilagyan ito ng buhangin saka sumakay at pinahila ito sa kalabaw. Pumunta siya sa bahay ng pinuno.

"Juan, hindi ba't sabi ko, huwag ka nang tatapak sa aking lupain?" sabi ng pinuno.

"I am not stepping on your land," Juan explained. "The sand is from the bottom of the sea."

The chief was very angry. He called his soldiers. They captured Juan and placed him inside a cage-like prison. "On the third day, throw the cage into the sea."

Juan was very scared. But on the third day, a student passed by. "Why are you in prison?" the student asked.

"The chief wants me to marry his daughter but I refused," explained Juan. "He is putting me in prison until I say 'Yes.' If not, he will kill me."

"What stupidity!" said the student. "I'll switch with you." So the student freed Juan. He traded places with Juan.

Later that day, the soldiers came. The student said, "I will marry the daughter of the chief." The soldiers laughed and they drowned him in the sea.

After another three days, Juan went to the house of the chief. He brought a big grilled fish and gold. "You are still alive? What happened?" The chief was in disbelief.

Juan explained, "The soldiers threw the cage into the sea, but it fell on the balcony of your great grandfather and great grandmother. Your great grandmother just passed away and your great grandfather is sick. He asked me to give you this big fish and gold. They want to see you. They have a lot to bequeath to you."

The following day, the chief went to the sea with the soldiers. He asked to be thrown into the sea. And he drowned.

"Hindi po ako tumatapak sa lupa ninyo," paliwanag ni Juan. "Galing ang bu-hangin na ito sa ilalim ng dagat."

Galit na galit na naman ang pinuno. Tinawag niya ang mga sundalo. Hinuli nila si Juan at ipinasok sa mala-hawlang kulungan. "Sa ikatlong araw, ihulog ninyo ang kulungan sa dagat."

Takot na takot si Juan. Pero sa ikalawang araw, may dumaan na estudyante. "Bakit ka nakakulong?" tanong nito.

"Gusto ng pinuno na pakasalan ko ang kanyang anak pero tumanggi ako," paliwanag ni Juan. "Pinakulong niya ako hanggang sa magsabi ako ng 'Oo.' Kung hindi, ipapapatay niya ako."

"Anong katangahan!" ang sabi ng estudyante. "Ako na lang ang papalit sa iyo." Kaya pinalabas ng estudyante si Juan. Siya ang pumalit kay Juan.

Pagkatapos nito, dumating ang mga sundalo. Ang sabi ng estudyante, "Pa-kakasalan ko ang anak ng pinuno!" Tumawa lang ang mga sundalo at nilunod nila sa dagat ang estudyante.

Pagkatapos ng tatlo pang araw, pumunta si Juan sa bahay ng pinuno. May dala siyang malaking inihaw na isda at ginto. "Buhay ka pa? Ano ang nang-yari?" Takang-taka ang pinuno.

Nagpaliwanag si Juan. "Hinulog ng mga sundalo ang kulungan sa dagat, pero nahulog ito sa balkonahe ng inyong lolo at lola sa tuhod. Kamamatay pa lang ng inyong lola sa tuhod at may sakit ang lolo ninyo sa tuhod. Pinabibigay niya ang malaking isda at ang gintong ito. Gusto nila kayong makita. Marami raw pamana sa inyo."

Sa sumunod na araw, pumunta ang pinuno sa dagat kasama ang mga sun-dalo. Nagpahulog siya sa dagat. At nalunod.

✦   ✦   ✦

Discussion Questions
1. Under what circumstances would you tell a lie?
2. How good at you at catching a person telling a lie?
3. What are your thoughts on fake news?

Vocabulary

sinungaling	liar	**takot na takot**	very scared
masayang-masaya	very happy	**anak**	child (gender neutral, can be a son or daughter)
pinuno	chief		
ipinatawag	called	**lolo sa tuhod**	great grandfather
galit na galit	very angry	**lola sa tuhod**	great grandmother
pinahila	pulled	**takang-taka**	with disbelief
mala-hawlang	cage-like	**katangahan**	stupidity

Culture/Context Notes

The story comes from the Fansler collection of folktales and was republished in Damiana Eugenio's book *The Folktales*. According to Eugenio, this was narrated by Bicolano Marcelo B. Pena who claimed this was passed on from his grandfather to his father to him. In some English translations, the word "king" is used. However, since the use of the title "king" is highly debatable in the history of Philippine society, I used the word "chief" for this story.

The words **usong** or **pusong** refers to troublemaker or mischief-maker. According to the article, "Juan Pusong: the Filipino Trickster Revisited," written by Donn V. Hart and Harriett E. Hart for the *Asian Studies Journal* (UP Diliman, pp. 129–62): The two most common names for this Filipino trickster are Juan (Suan) Pusong (Posong, Osong, or Pusan) or Tamad (Lazy). He may also be called just Juan with no surnames. Most tales in Fransler refer to him as Juan the Fool or, only in one tale, Juan Loco.

Two fairly recent articles look into the dynamic of power found in trickster tales. In Mila Aguilar's paper "Fighting the Panopticon: Filipino Trickster Tales as Active Agency Against Oppressive Stuctures," delivered at the UP Department of Filipno and Philippine Literature Lecture Series on November 30, 2000, she argues that unlike other trickster characters in other parts of the world, Juan Pusong seeks not only to escape punishment or to stave off hunger, but targets the king's throne.

Hope Sabanpan-Yu's "A Carnivalesque Reading of the Tales of Juan Pusong," published in the *Philippine Quarterly of Culture and Society* Vol. 42, No. 3/4 (September to December 2014, pp. 139–78), employs the theories of Mikhail Bakhtin in studying the relationships between the trickster, humor, the inversion of hierarchy, and subversion.

Comprehension Questions

1. In the story, what was the first lie Juan told the chief?
2. Was Juan walking with the cart pulled by the carabao or riding the cart?
3. What did the king order the soldiers to do to Juan?
4. What lie did Juan tell the student?
5. In Juan's third lie to the king, who did he say were the people he supposedly met?

Grammar Focus

Causative affixes are modifying elements placed at the start of a root word to indicate that a person or thing will cause something to happen. The causative affixes are: **mag** + **pa** (causer focus); **pa-** + **-in** (actor focus); **i** + **pa-** (object focus); **pina** + **an** (receiver/directional focus); and **i** + **pa** + **pang** (instrumental focus) and **i** + **pa** or **ipapag** (goal focus).

Study the following sentences using causative affixes:

1. Ipinatawag siya ng pinuno.
2. Pero isang araw, gumawa ng kariton si Juan, nilagyan ito ng buhangin at pinahila ito sa kalabaw.
3. Pinabibigay niya ang malaking isda at ang gintong ito.

Change the following sentences using **magpa-** affixes by changing the focus from the causer of the action to the object.

1. Nagpakuha ako sa kaklase ko ng libro mula sa aklatan. →
2. Magpapabili ako sa iyo ng kape kapag pumunta ka sa Sagada. →
3. Nagpalinis ako ng bakuran noong isang araw. →

Writing Activity

Reinvent the part of the story where the student asked Juan why he was in the cage-like prison. Make a tall story about why the chief put him in this "prison."

Queen of the Sea

It is said that the dugong or queen of the sea, sometimes called the *duyong* in Hiligaynon, and sometimes the sea cow or sea pig in English, inspired the story of mermaids.

But what is the origin of the dugong? In the Hiligaynon story, a couple lived on the beach with their baby.

All kinds of vices and bad habits could be found in the husband. He did not have a job, gambled constantly, and sometimes beat up his wife for no reason. The woman, on the other hand, was hardworking, carried the baby on her back, and picked up clams on the beach.

During difficult times, the woman sat on the beach with her son. There, she wept, perhaps thinking that the sea breeze would wipe away her tears. And that her tears were carried by the waves to the depths of the sea.

One night, the man was drunk again. Cranky. He probably lost in gambling. Perhaps he was hungry. The wife was uncertain. All she knew was that he slapped her face again, punched her stomach, and kicked her until she found herself clutching the floor.

So once more, she went to her rock friend, wind friend, sea friend. There she groaned.

The waves became disturbed, raging, angry. And suddenly, the king of the sea came up out of the abyss.

Reyna ng Dagat

Sinasabing ang dugong o reyna ng dagat, na tinatawag namang duyong sa Hiligaynon, at kung minsan ay sea cow o sea pig sa Ingles, ang naging inspirasyon ng kuwento tungkol sa mga sirena.

Pero ano nga ba ang pinagmulan ng dugong? Sa kuwentong Hiligaynon, may nakatira raw na mag-asawa sa tabing-dagat kasama ang kanilang sanggol na anak.

Lahat na yata ng bisyo at masamang ugali ay nasa lalaki. Wala itong trabaho, palaging nagsusugal, at binubugbog pa ang babae nang walang dahilan. Ang babae naman ay masipag, at pasan-pasan ang sanggol sa likod, ay namumulot pa ng halaan sa tabing-dagat.

Sa mga sandaling hirap na hirap na ang babae, umuupo siya sa bato sa tabing-dagat kasama ng kanyang anak. Doon siya umiiyak, iniisip marahil na tinatangay ng hanging-dagat ang kanyang luha. At isinasanib ang mga luha sa alon, dinadala sa kaibuturan ng dagat.

Isang gabi, lasing na namang umuwi ang lalaki. Mainit ang ulo. Siguro natalo sa sugal. Siguro lasing. Siguro gutom. Hindi tiyak ng babae. Ang alam lang niya, sampal na naman ang inabot ng kanyang pisngi, suntok ang tumama sa kanyang tiyan, at tadyak ang naramdaman niya hanggang sa matagpuan ang sariling nakayakap sa sahig.

Kaya't muli, pumunta siya sa kaibigang bato, kaibigang hangin, kaibigang dagat. Doon siya humagulhol.

Nabulabog ang mga alon, rumaragasa, parang nagagalit. At biglang-bigla, umahon mula sa kailaliman ang hari ng dagat.

The woman was afraid but the king of the sea spoke softly. "Come with me, and you will no longer weep." And the king sprinkled foamy sea water onto her and her son. They found themselves transforming. They became dugong, the queen of the sea.

Free.

✦ ✦ ✦

Discussion Questions
1. What are the sea creatures that you like?
2. How do you deal with abusive people?
3. How do you find peace in times of stress?

Vocabulary

dugong sea cow		**alon** waves	
reyna queen		**lasing** drunk	
sirena mermaid		**gutom** hungry	
pinagmulan origin		**suntok** punch	
tabing dagat sea shore, beach		**sampal** slap	
bisyo vices		**tiyan** stomach	
sugal gamble		**nabulabog** disturbed	
bugbog beat up		**rumaragasa** raging	
sanggol baby		**malaya** free	
luha tears			

Culture/Context Notes
The dugong story comes from M. L. M. Narboneta's "Hiligaynon Folklore from Negros Occidental," Appendix B, pp. 267–68, 79–80. The story was originally told by fisherfolk Rosauro Descutido and Pedro Diamonon, from Manapla, Negros Occidental. The story is in Eugenio's *Legends* book.

In Philippine folklore, a mermaid is called *sirena*, which means siren. But unlike in Greek mythology where sirens are female or bird creatures, the *sirena* lives under the sea as the latter's guardian. Its male counterpart is called *siyokoy*. Local story has it that mermaids are very attractive creatures with beautiful voices that are used to lure fishermen and sailors to search for the singer, which even moves them to go off-

Natakot ang babae pero marahan siyang kinausap ng hari ng dagat: "Halika, sumama ka sa akin, at hindi ka na muling luluha." At winisikan siya at ang kanyang anak ng hari ng dagat ng bula ng alon. Natagpuan niya ang sarili at ang kanyang anak na nagbabago ng anyo. Naging dugong sila, ang reyna ng dagat.

Malaya.

✦ ✦ ✦

board. But inasmuch as mermaids are portrayed as temptresses, falling in love with humans make them tame and meek to their beloved mortal.

A popular mermaid character is Dyesebel, which was created by Filipino comic book illustrator Mars Ravelo in the 1950s. Dyesebel has been portrayed in various TV series and films, among them, Vilma Santos, Charlene Gonzales, Marian Rivera, and Anne Curtis.

Comprehension Questions
1. What were some of the vices of the husband?
2. Where did the family live?
3. What happened to the wife when her husband went home drunk?
4. What did the king of the sea tell the woman?
5. What did the wife and child transform into?

Grammar Focus
Study the sentence below and review the use of the affixes **in-** and **-an** in the word **winisikan**. As you know by now, these affixes are used for sentences where the focus is on the direction of the action.

At **winisikan** siya at ang kanyang anak ng hari ng dagat ng bula ng alon.

Change the focus of the following sentences from actor or object focus into directional focus:

1. Kumanta ang mga bata ng "Awit ng Pagbati" para sa mga bisita.
2. Damit na panlamig ang ibinihis ni Chelsea sa anak niya.
3. Nagtanim si Amir ng gulay sa bakuran ng lola niya.

Writing Activity
Describe a favorite experience at a beach or at sea.

Greta Garbo

Condensed version of a story by Deogracias Rosario

I.

Greta Garbo is going to Baguio!

This was what Monina Vargas told herself while sitting on the first-class section of the train. She looked at the compact mirror. Powdered her nose. Added blush on her cheeks.

Oh, but John Gilbert is not here yet! She looked at the watch on her wrist. It's 7:45. The train leaves at 8:15.

To be entertained, she looked at the newspaper. What could be inside the *Tribune*? It seems like there's no good news. She put down the newspaper.

Monina really looked like Greta Garbo. Eyes a little chinky, eyebrows shaped like a rooster's comb, the cheeks a little hollow, matching the small nose and the small mouth and thin lips. That's why she is called "GG" by her friends.

Greta Garbo

Pinaiksing kuwento ni Deogracias Rosario

I.

Aakyat sa Baguio si Greta Garbo!

Nasabi ito sa sarili ni Monina Vargas habang nakaupo sa first class na section ng tren. Tumingin sa compact mirror. Nagpulbos ng ilong. Nagdagdag ng blush-on sa pisngi.

Naku, wala pa si John Gilbert! Tiningnan niya ang relo sa pulso. Alas-siyete kuwarenta y singko na. Alas-otso kinse pa naman ang alis ng tren.

Para malibang, tiningnan niya ang diyaryo. Ano kaya ang laman ng *Tribune*? Parang walang magandang balita. Ibinaba niya ang diyaryo.

Kamukha talaga ni Monina si Greta Garbo. Singkit nang kaunti ang mata, tabas tari ng manok ang kilay, humpak nang kaunti ang pisngi na bumagay sa ilong na hindi katangusan at sa maliit niyang bibig at maninipis na labi. Kaya nga, "GG" ang tawag sa kanya ng mga kaibigan.

II.

She saw some acquaintances. She saw a friend. But she did not want anyone to see her. Her trip to Baguio was a secret.

Monina stuck her head out of the window. The cool wind kissed her smooth forehead and rosy cheeks. She looked at her watch. Only nine minutes before the train leaves! He might not come! John Gilbert doesn't break promises!

She did not have doubts with Octavio Razon. Good-looking is how one could have described Arsenio Bonifacio, representative of the legislative district of Laguna. The poet Dr. Fausto J. Galauran recited poems for her. Carlos Ferrer was a lawyer but he liked *kundiman* music, while Monina liked jazz. Arsenio Afan did an interview about her and said she was the "perfect type" of modern woman.

Of all her suitors, she chose Octavio. Octavio the impulsive. Their relationship wasn't even a month old but the two were already doing things that would surely be "sensational" in the newspapers.

To think that Monina Vargas was a "Miss Philippines" candidate during the recent carnival. What would happen if people found out that she was going to Baguio with the aviator Octavio Razon?

The locomotor blew another whistle. One more whistle and the train would be on its way. Octavio wasn't around yet. She looked at the seat and saw the *Tribune*. She started to read the society page, the guy in the photograph looked like John Gilbert. And because the guy looked like John Gilbert, he also looked like Octavio.

She read the headline: COUPLE TO CELEBRATE THEIR FIRST WEDDING ANNIVERSARY.

Oh my! *Hesusmariaosep!* The man was Octavio Razon and the woman was Magdalena Reyes Razon.

Monina got cross-eyed from what she had just read. She didn't notice the third whistle of the locomotor. What was she to do?

"Cheater!" Monina said in anger, and threw the newspaper away. She went to the platform running. Her high-heeled shoes caused her to trip. Her painted face, her freshly powdered face, and her beautiful nose fell flat on the ground.

And the young boy who sold her the *Tribune* shouted, "Greta Garbo fell off the train!"

✦ ✦ ✦

II.

May natanaw siyang mga kakilala. May namataan na mga kaibigan. Pero ayaw niyang makita siya ng kahit sino. Lihim ang pagpunta nila sa Baguio.

Inilabas ni Monina ang ulo sa bintana. Malamig ang hangin na humalik sa makinis niyang noo at mapulang pisngi. Tiningnan niya ang relo. Siyam na minuto na lang at aalis na ang tren! Hindi maaaring hindi siya dumating! Hindi sumisira sa pangako si John Gilbert!

Hindi nga siya nag-alinlangan kay Octavio Razon. Simpatiko sana si Arsenio Bonifacio, kinatawan ng Laguna sa Lehislatura. Tinulaan pa siya ng makatang si Dr. Fausto J. Galauran. Abugado naman si Carlos Ferrer, pero mahilig ito sa kundiman, samantalang jazz ang gusto ni Monina. Si Arsenio Afan, gumawa ng "interview" sa kanya at sinabi pang siya ang "perfect type" ng makabagong dalaga.

Sa lahat ng nanligaw sa kanya, si Octavio ang napili niya. Si Octavio na mapusok ang kalooban. Wala pang isang buwan ang kanilang relasyon, gum-agawa na sila ng mga bagay na siguradong "sensasyonal" sa peryodiko.

Isipin pa naman na naging kandidata si Monina Vargas sa "Miss Philippines" nitong nakaraang karnabal. Paano na kung mabalita na pupunta siya sa Bagu-io kasama ang abyador na si Octavio Razon?

Sumipol muli ang lokomotora. Isa pang sipol at lalakad na ang tren. Wala pa rin si Octavio. Napalingon siya sa upuan at nakita ang *Tribune.* Nagsimula siyang magbasa, at sa "society page," parang kamukha ni John Gilbert ang lalaki sa larawan. Dahil kamukha ni John Gilbert, kamukha rin ni Octavio.

Binasa niya ang pangunahing balita: MAG-ASAWANG MAGDARAOS NG PIGING DAHIL SA UNANG TAON NG PAGKAKAKASAL.

Naku! Hesusmariaosep! Si Octavio Razon ang lalaki at si Magdalena Reyes Razon ang babae.

Naduling si Monina sa nabasa. Hindi niya napansin na sumipol na nang ikatlo ang lokomotora. Ano ang kanyang gagawin?

"Mandaraya!" ang galit na nasabi ni Monina, at itinapon ang diyaryo. Patak-bo siyang pumunta sa plataporma. Pero dahil sa mataas na takong, natapilok siya. Ang mukha niyang may kulay, ang pisnging bagong pulbos, at ang ma-gandang ilong ay nangudngod sa lupa.

At ang bata na nagbenta sa kanya ng *Tribune* ay sumigaw: "Nahulog sa tren si Greta Garbo!"

✦   ✦   ✦

Discussion Questions

1. How much do you know of Greta Garbo?
2. Where is your favorite holiday destination?
3. Why do you enjoy or not enjoy reading news about celebrities or the rich and famous?

Culture/Context Notes

This is an adaptation/condensed version of Deogracias Rosario's short story, "Greta Garbo" first published in 1930 and republished in *Philippine Literature: A History and Anthology*, edited by Bienvenido Lumbera and Cynthia Nograles Lumbera. While one can read this as a cautionary tale for women, another possibility is to also read the story alongside other anti-colonial texts of the American colonial period (1899–1942), to consider how anti-modernity was equated with anti-colonialism.

Greta Garbo (born 1905, died 1990) is an iconic film actress who had an active career during the 1920s to the 1930s. She is considered by the American Film Institute as one of the greatest actresses of classic Hollywood cinema. Besides being known for her beauty, Garbo was also a recluse who refrained from giving autographs, attending film premieres, and granting press interviews. Her famous line from the Oscar-winning 1932 film, "I want to be let alone," aptly described her attitude about her environment. Garbo declared "temporary retirement" at the age of 36 but her absence from Hollywood would last for 49 years till her death in 1990. Till her death, she lived alone in Manhattan and never got married or had children.

Comprehension Questions

1. Where was Monina Vargas going?
2. Who was her companion and what did he do for a living?
3. Which actress did she resemble?
4. Why couldn't Octavio Razon join Monina Vargas on the trip to Baguio?
5. How did Monina Vargas feel when she read the news about Octavio Razon?

Grammar Focus

Study the following sentence and the use of the prefix **pa-** in the word **patakbo**. Using the prefix **pa-** to form an adverb is a strategy used by creative writers. By saying that "she went to the platform 'running,'" the action is made more vivid.

Patakbo siyang pumunta sa plataporma.

Here are two other examples:

1. "Umalis ka na," **pasigaw** niyang sabi. ("Leave," she said, shouting.)
2. **Palihim** na sumulat ang whistleblower sa mga kinauukulan. (The whistleblower wrote secretly to the authorities.)

Write three sentences using the following phrases:

1. pasayaw na pumasok
2. padabog na lumabas
3. patalikod na naglakad

Writing Activity

Invent a letter that Octavio Razon would have sent to Monina Vargas on account of his failure to show up and join her in Baguio.

The Disease of Estrangement, 1907, and the Disease of Estrangement in the New Millennium

Story 1: The Disease of Estrangement, 1907

"Hello, man!…where did you come from?"

"From the Hotel Metropole."

"Have you eaten lunch yet? Where are you going next?"

"To the Casino Española."

"Oh, that's where you play billiards! This is a snazzy buggy, man! Where is this from?"

"From American Stables."

"You look striking! Your wool suit looks well-made. Where did you buy it?"

"At Paris Manila."

"And where did you have it sewn?"

Dalawang Kuwento: Estrangheritis 1907, at Estrangheritis sa Bagong Milenyo

Kuwento 1: Estrangheritis 1907

"Hola chico!… saan ka galing?"

"Sa Hotel Metropole."

"Nakapananghali ka na pala? Eh saan naman ang iyong tungo niyan?"

"Sa Casino Española."

"At doon ka pala nagbibilyar! Magara itong kalesin mo, chico! Saan ba ito?"

"Sa American Stables."

"Para kang kidlat diyan ah! Mukhang mahusay na lana iyang traje mo, saan ba binili iyan, ha?"

"Sa Paris Manila."

"At saan mo ipinatahi?"

"At the White House."

"Your shoes are so shiny! Where did you get them?"

"At American Shoes."

"And your hat?"

"From Juan Seiboth."

"*Naku!* Your cane is obviously made in London. And that?"

"From Puerta del Sol."

"*Caramba* (Darn it)! Your pipe looks like a chimney from an ice factory. From which store did you get that?"

"At the American Bazaar."

"And the cigar?"

"From Smoke Yebana."

"And your watch that looks like it's true gold."

"From Brillante Bera."

"*Mekachis* (Shoot!) Your tie is blazing! Where is that from?"

"From Botica Boie."

"What? Even the drugstores make ties now?"

"It's a different Boie."

"And that? You've outshone my buttons and my pin."

"From Estrella del Norte."

"You're a real high-living guy now. What beautiful silk handkerchiefs! Where did you get those?"

"At Bazaar Japones."

"Wait, can one still buy speckled undershirts from the store?"

"They are available at Juan Soler."

"And your brown socks?"

"From Chinese Velasco."

"Wow. You are truly first class now, man. You have far outdone me in your taste and style by a hundred points. And where do you sleep at night?"

"Sometimes at the hotel, most of the time in Sampaloc."

"With the Filipinas?"

"No, my friend, no! If not with the Americans, with the Japanese. If not with the Japanese, with the Australians. Only and always with the white meat, man!"

"Wow, really! You're really going big-time now, right?"

"For that, there is the Internacional Bank where I keep (my funds)."

"Eh, when are you going back to your home?"

"Sa White House."

"Parang lintik ang sapatos mo. Saan ba iyan?"

"Sa American Shoes."

"Eh iyang sumbrero mo?"

"Kay Juan Seiboth."

"Naku! De patent London ang baston mo ah. At iyan?"

"Sa Puerta del Sol."

"Karamba! Parang chimenea ng fabrica de hielo ang kuwako ah. Saan ba namang almacea iyan?"

"Sa American Bazaar."

"At ang tabako?"

"Sa Smoke Yebana."

"At iyang relos mong tila gintong totoo?"

"Sa Brillante Bera."

"Mekachis! Ang kurbata mo'y nagliliyab. Saan naman yan?"

"Sa Botica Boie."

"Ha? At gumagawa na pala ng kurbata pati botika."

"Ibang Boei iyon."

"At iyan? Daig mo ang butones ko't alpiler!"

"Sa Estrella del Norte."

"Talagang bale-bale chico ang buhay mo ngayon. Kay inam na sutla ng mga panyo mo! Saan ka naman nakakakuha niyan?"

"Sa Bazaar Japones."

"Hintay ka nga, may mabibili pa ba sa almaceong binibilhan mo ng kamisadentrong iyang de-motas-motas?"

"Mayroon kay Juan Soler."

"Eh iyang medyas mong de kape?"

"Kay Intsik Velasco."

"Wala. Talagang de primera na ngayon ang lagay mo, chico! Daig na daig mo na ako nang mahigit sa isang daang punto. At saan ka pala natutulog kung gabi?"

"Kung minsan sa Hotel, at madalas sa Sampaloc."

"Sa mga Pilipina ka ba?"

"No, hombre, no! Kundi sa Amerikana, sa Haponesa, kundi Haponesa sa Austristika. Siyempre sa carne blanca, chico!"

"Naku! Talaga! Malakas na bang totoo ang hanap mo ngayon, ha?"

"Para eso may Internacional Bank akong pataguan."

"Eh, kailan ka uuwi roon sa inyo?"

"Where else will I go home, am I not from Manila, too, like you?"

"Ah, yes, that's right. It just so happened that my view about you has changed. I am thinking, based on what you have just said, that you're now definitely from Europe or from America, or from Japan, or from Sungsong, because everything you use, eat, acquire as a vice, and woo seem to no longer be from here, but from the Stranger's Land."

"You are just messing with me, eh."

"No, not really. It's just that you're using up space here in our home-land. You are reaping benefits but do not contribute to society. You had better lived in Stranger's Land?"

✦ ✦ ✦

Discussion Questions

1. Why do you enjoy traveling abroad?
2. When was the last time you thought of living in another country?
3. How would you react to a friend who suddenly talks to you with a fake accent?

"Saan pa ako uuwi ay di ba't taga rito rin ako sa Maynilang kamukha mo?"

"Ah, siyanga pala! Mangyari eh, nabaguhan na ang tingin ko at akala ko sa iyo. Ang isip ko, sa mga sinabi mo, ay ganap na taga-Europa ka na, o taga-Amerika, o taga-Hapon, o taga-Sungsong, dahil sa lahat-lahat ng iyong ginagamit, kinakain, binibisyo, at inaamo ay parang hindi na taga-rito, kundi taga-roon sa Estrangero."

"Sinasalbahe mo na yata ako eh."

"Hindi naman. Ang lagay lang eh nakasisikip ka rito sa ating bayan. Na-kikinabang ka'y hindi ka mapakinabangan. Mabuti pa'y doon ka na tumira sa Estranghero."

✦   ✦   ✦

Vocabulary

Review/study the following words before reading the story, then answer the comprehension questions that follow:

estranghero foreigner

naku! similar to *oh my gosh!*; *really?*; *huh?*

talaga! really?

nagbibilyar playing billiards

kalesin buggy

mahusay skilled

kidlat lightning; used metaphorically to mean striking or attention-grabbing

ipinatahi tailor-made

sumbrero hat

tabako tobacco

relos watch

gintong totoo true gold

kurbata tie

nagliliyab blazing

butones buttons

nakakakuha able to get

sutla silk

kamisa shirt

medya media

kape coffee

intsik (pejorative term for) the Chinese people

amerikana American (can refer to suit and tie)

Haponesa Japanese woman

carne blanco in Spanish, literally "white meat"; used here to refer pejoratively to white women in an unacceptable sexist way

sinasalbahe messing with

nakasisikip crowds

Culture/Context Notes

This passage is another example of the *dagli*, which, as explained earlier, was popular at the turn of the twentieth century, and contained narratives or dialogues. It was written by Tengkeleng, the pen name of poet and fictionist Iñigo Ed. Regalado. This *dagli* was republished in *Ang Dagling Tagalog 1903–1936*, edited by Rolando Tolentino and Aristotle Atienza, published in 2007 by the Ateneo de Manila Press.

Through its five sections, the book provides us with an overview of anti-imperialist sentiments, American bureaucracy, changing values, and the desire for independence. Moreover, the book's editors emphasize the role of the *dagli* in the history of Philippine literary narratives, positioning it as the forerunner of the modern short story.

Comprehension Questions

1. Where did the lead male character come from?
2. Where did he eat?
3. Where did he get his suit sewn?
4. Where did he get his buttons and brooches?
5. Describe the man's fashion.
6. What did the speaker think of his friend?
7. What did the male character mean by "carne blanco"?
8. Where did he keep his funds?
9. According to the friend, where should this man live?
10. What are the signs of Estrangheritis?

Grammar Focus

Review the use of **na** as a relative pronoun ("as who," "what," "which," "where," "when" and "that"). Study the following sentence from the story:

"Hintay ka nga, may mabibili pa ba sa **almaceong binibilhan** mo ng **kamisaden-trong iyang de-motas-motas**?"

Note that **almaceong** is a contraction of **almaceo + na** while **kamisaden-trong** is a contraction of **kamisadentro + na**. The phrase "**binibilhan mo ng kamisentrong iyang de motas-motas**" describes **almaceo**.

Complete the following sentences:

1. Nakipagtalo ang tindera sa lalaking...
2. Nagsara na ang tindahang...
3. Bumisita ako sa lungsod na...

Writing Activity

Reinvent the story and the dialogue with different characters. For example, two elderly men or two young adult men meeting up.

Story 2: The Disease of Estrangement in the New Millennium

The *donya*, whom we shall call Mommy G, is featured on television. She is called Mommy G not only by her children, but also by a myriad of people: TV reporters, the fans of her child, who happens to be a famous boxer, and anyone else who wants to *"feel close to her."*

Mommy G gave the reporter a tour of her new extravagant house, sprawling at twelve lots. "Show us what your son gave you!" the reporter insisted with intrigue.

Mommy G smiled widely when she displayed her orange Birkin bag. She had asked her son to buy this specific bag. "It's so simple, no? It doesn't even have a zipper."

Jestingly, the reporter tapped Mommy G lightly on the shoulder. He told her, "Come on, Mommy G. I heard that this bag costs one million pesos."

Mommy G sniffed the bag. "Smells like rubber, no? Hahaha…" She laughed loudly, her voice hoarse.

The style of the interview was *"Show and Tell."* Mommy G showed her Hermes scarf, a personal gift from a previous president. Her new van flashed on the screen. A photo showed Mommy G with her daughter-in-law, both carrying shopping bags from Louis Vuitton.

After the *"Show and Tell"* portion, Mommy G brought out her rosary made of Swarovski crystals. "I still have to get these blessed by the priest," she explained.

Kuwento 2: Estrangeheritis sa Bagong Milenyo

Nasa telebisyon ang donya, na tawagin na lamang natin sa pangalang Mommy G. Mommy G ang tawag sa kanya, hindi lamang ng mga anak, kundi ng fans ng kanyang anak na boksingero, ng mga reporter sa telebisyon, at ng kung sino man na gustong maging "feeling close."

Binibigyan ng tour ni Mommy G ang reporter sa bago niyang bahay na pinatayo niya sa labindalawang lote. "Ipakita mo naman sa amin ang regalo ng anak mo," sulsol ng reporter.

Abot-tenga ang ngiti ni Mommy G habang idini-display ang kulay orange na Birkin bag. Pinabili daw talaga niya ito sa anak. "Simple lang, hindi ba? Wala ngang zipper."

Pabirong napatapik ang reporter sa balikat ni Mommy G. "Ikaw naman, Mommy. Balita ko isang milyong piso ang bag na iyan."

Inamoy-amoy ni Mommy G ang bag. "Amoy-goma, hindi ba? Hahaha..." Malakas at paos ang tawa ni Mommy G.

Show and tell ang interbyu. Ipinakita ni Mommy G ang Hermes scarf na regalo ng isang dating pangulo. Nag-flash sa screen ang bago niyang van. May larawan din ni Mommy G at ng manugang, habang bitbit ang shopping bags mula sa Louis Vuitton.

Pagkatapos ay inilabas ni Mommy G ang rosaryo na gawa sa Swarovski crystals. "Pabebendisyunan ko pa ito sa pari," paliwanag ni Mommy G.

Let's not forget. Mommy G is known publicly as a prayerful woman. The rosary she holds shines as bright as her belief in the power of prayer. The cycle of life will continue onward and in time would cover with luxurious adornments a former laundrywoman whom we just call with the nickname Mommy G.

✦ ✦ ✦

Discussion Questions

1. How conscious or particular are you about branded clothes or accessories?
2. What are you curious about the rich and famous people?
3. How would you end this sentence—Money can't buy....?

Vocabulary

boksingero	boxer	**mabalutan**	covered with
pinatayo	to establish	**pinatayo**	to ask / request to establish
pinabili	to ask to buy	**pabebendisyunan**	to ask for a blessing
napatapik	to be tapped	**palamuti**	ornaments / adornments
rosaryo	rosary	**paniniwala**	belief

Culture/Context Notes

The lives of the rich and famous is a media obsession that has always drawn curiosity from the public. As a form of escape and diversion, viewers and readers consume the media frenzy on the antics of the hyper-rich. To others, the lavish acquisitions of these personalities are also considered as aspirational. Meanwhile, designer bags are considered a status symbol especially among wealth-based celebrities. This obsession with the so-called "beautiful people" has become more pervasive with social media's content about celebrities and their lifestyle becoming more accessible to the public.

Comprehension Questions

1. Who calls Mommy G by her nickname?
2. What does Mommy G's son do for a living?

Oo nga naman. Madasalin si Mommy G. Kumikinang ang hawak niyang rosaryo, kasingkinang ng paniniwala na sa tulong ng dasal, iikot ang gulong ng buhay at mababalutan ng palamuti ang isang dating labanderang itago natin sa pangalang Mommy G.

✦ ✦ ✦

3. How many lots did her new home occupy?
4. What did Mommy G show the reporter first?
5. What gift did her son give her?
6. What did a former president give her?
7. How did Mommy G describe her Birkin?
8. Can you describe the photo showing Mommy G and her daughter-in-law?
9. What is Mommy G's rosary made of?
10. What was Mommy G previously?

Grammar Focus

Review the causative prefixes **ipa-** and **pa-an** in the words **pinatayo/ipina-tayo, pinabili/ipinabili, pabebendisyunan**.

Study the following sentences from the text:

1. Binibigyan ng tour ni Mommy G ang reporter sa bago niyang bahay na pinatayo niya sa labindalawang lote.
2. Pinabili daw talaga niya ito sa anak.
3. "Pabebendisyunan ko pa ito sa pari," paliwanag ni Mommy G.

Then, answer the following questions.

1. Ano ang pinabibili mo kung hindi ka makalabas ng bahay?
2. Saan mo ipatatayo ang bahay mo?
3. Bakit niya pinabendisyunan ang rosaryo?

Writing Activity

Choose a rich and famous celebrity and pretend you're being given a tour around his/her house.

Two Sampaguita Legends

Perhaps, there are many stories about the *sampaguita* because it is the favorite flower of many Filipinos. The *sampaguita* or Philippine jasmine is made into garlands, is also used as metaphor in poetry and songs, and has been used as a name by a rock singer, a restaurant, a bar, and even awards.

Story 1: Courage

Once upon a time, Lakan Bungabon was head of the town and he had a beautiful and kind daughter named, Liwayway. Lakan Galing, who was from the neighboring town, was the brave and heroic boyfriend of Liwayway.

One day, Lakan Galing had to leave to defend his people from foreign invaders. Before leaving, he kissed Liwayway's hand and they promised to love each other.

Then, Liwayway heard that her boyfriend died in the war. She was deeply saddened and soon after, passed away from grief.

Liwayway was buried with the remains of Lakan Galing. From their graves sprouted a plant with white and fragrant flowers. The flower was named "sampaguita" from the "promise never to forget" by the two lovers.

Dalawang Alamat ng Sampaguita

Marahil, maraming kuwento tungkol sa sampaguita dahil paborito itong bulaklak ng maraming Filipino. Ang sampaguita o Philippine jasmine ay ginagawang kuwintas, ginagamit bilang talinghaga sa tula at awit, ginagawang pangalan ng mang-aawit, restawran, bar, at kahit mga parangal.

Kuwento 1: Kagitingan

Noong unang panahon, pinuno ng bayan si Lakan Bungabong, at mayroon siyang maganda at mabait na anak na Liwayway naman ang pangalan. Si Lakan Galing naman, na taga-kalapit na bayan, ang matapang at magiting na nobyo ni Liwayway.

Isang araw, kinailangang umalis ni Lakan Galing upang ipagtanggol ang kanilang bayan mula sa mga dayuhang mananakop. Bago siya lumisan, hinalikan niya ang kamay ni Liwayway at nangako silang mamahalin ang isa't isa.

Nabalitaan na lamang ni Liwayway na namatay ang kanyang kasintahan sa pakikipagdigma. Lubusan siyang nalungkot at hindi naglaon, yumao nang dahil sa pighati.

Inilibing si Liwayway kasama ng mga buto ni Lakan Galing. Mula sa kanilang mga puntod ay may sumibol na halaman, na may puti at mahalimuyak na mga bulaklak. Tinawag ang bulaklak na "sampaguita" mula sa "sumpang hindi ka kalilimutan" ng dalawang magsing-irog.

Story 2: Forbidden Love

There were two adjacent villages, Balintawak and Gagalangin, and these two villages were separated by a strong bamboo fence. The guards of the two *barangays* took turns at guarding the fence.

Despite the conflict of the two families, Rosita, the daughter of Datu Balintawak and Delfin, the son of Datu Gagalangin, became lovers. At night, they met secretly at the end of the bamboo fence.

One day, Datu Gagalangin found out that the guards of Balintawak had been moving the fence. He was furious to learn that another *datu* could take five meters from their village. "That's robbery," he complained.

The Datu of Balintawak was angry at what Datu Gagalangin said. He sent a message, "I have not stolen anything; I found a document indicating where the correct fence area should be."

The two villages prepared themselves for war. However, a few days before the clash, the Datu of Gagalangin became ill and passed away. Delfin then became responsible for leading the soldiers.

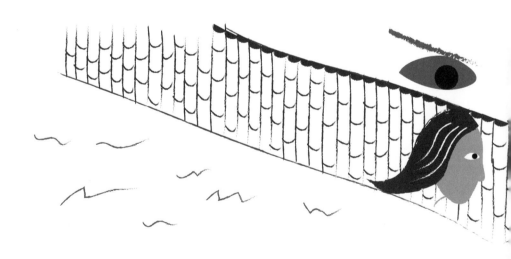

Kuwento 2: Bawal na Pag-ibig

May dalawang magkatabing barangay, ang Balintawak at ang Gagalangin, at ipinaghihiwalay ang dalawang barangay na ito ng matibay na kawayang bakod. Salit-salitan ang mga guwardiya ng dalawang barangay sa pagbaban-tay sa bakod.

Sa kabila ng alitan ng dalawang pamilya, naging magkasintahan sina Rosita, ang anak ng datu ng Balintawak, at si Delfin, ang anak ng datu ng Gagalangin. Sa gabi, lihim silang nagkikita sa dulo ng kawayang bakod.

Isang araw, nalaman ng datu ng Gagalangin na nililipat ng mga guwardiya ng Balintawak ang bakod. Galit na galit siya nang malaman na makukuha ng isa pang datu ang limang metro ng kanilang barangay. "Pagnanakaw iyan," reklamo niya.

Nagalit naman ang datu ng Balintawak sa sinabi ng datu ng Gagalangin. Nagpadala siya ng mensahe rito: "Wala akong ninanakaw. Nakadiskubre ako ng mga dokumento, kung saan nakasulat ang tamang lugar ng bakod."

Sabay na naghanda ang dalawang barangay para makipagdigmaan. Pero ilang araw bago ang sagupaan, nagkasakit ang datu ng Gagalangin at namatay. Naging tungkulin ni Delfin na pamunuan ang mga sundalo.

And Rosita's worst fears came true. Delfin was wounded fatally in the battle and after a few days, he too passed away. Before he passed away, he told one of his soldiers to bury him at the end of the fence where he and Rosita used to meet.

Not long after, Rosita also became ill and passed away. She asked her father to bury her at the end of the fence as well.

It is said that centuries later, in the month of May, on full moons, the voice of a young woman would be heard, "I swear, I swear!" When one followed the voice, one would be brought to the flower with incomparable fragrance.

The village elders tell this story—the plant took root from the graves of Rosita and Delfin.

✦ ✦ ✦

Discussion Questions
1. What is an oral tradition?
2. What patterns do you usually see in the narrative of legends?
3. What are three of your favorite legends, fairy tales, or myths? Why are they your favorites?

Vocabulary

Study the following nouns, adjectives, verbs that were used to give more specific descriptions and action in the story. Some of these words may be familiar to you.

bayan	town	**pighati**	grief
dayuhan	foreigner	**libing**	burial
mananakop	invader/colonizer	**puntod**	tomb
halik	kiss	**kawayan**	bamboo
balita	news	**bakod**	fence
kamay	hand	**halaman**	plants
kasintahan	boyfriend/girlfriend	**sumpa**	curse
hindi naglaon	not long after	**tinig**	voice

At nangyari na nga ang kinatatakutan ni Rosita. Nasugatan nang malubha si Delfin sa labanan at pagkatapos ng ilang araw ay namatay. Bago ito tuluyang pumanaw, nagbilin ito sa isa sa mga kasamahan na ilibing siya malapit sa dulo ng bakod kung saan sila nagtatagpo ni Rosita.

Hindi naglaon, si Rosita naman ang nagkasakit at namatay. Hiniling din niya sa ama na mailibing siya sa dulo ng bakod.

Sinasabing kahit ilang dantaon na ang lumipas, tuwing buwan ng Mayo, kapag bilog ang buwan ay maririnig na boses ng dalagang nagsasabing, "Sumpa kita! Sumpa kita!" Kapag sinundan ang tinig, dinadala nito ang mga nakaririnig sa bulaklak na walang kasinghalimuyak.

At ang kuwento ng matatanda sa nayon – ang ugat ng halaman ay mula sa mga libingan nina Rosita at Delfin.

✦ ✦ ✦

Culture/Context Notes

The first story comes from "Folklore of Southern Leyte: Their Cultural and Educational Values" (M.A. thesis, PWU), pp. 73–75, in Damiana Eugenio's *The Myths*.

The second story, entitled "The Legend of Sampaguita," comes from http://www.wowparadisephilippines.com/legend-sampaguita.html

Sampaguita (*Jasminum sambac*) is a flowery shrub grown for ornamental purposes in Filipino home gardens. As it has a woody vine, it is popularly planted by the fence where its branches can cascade with the fragrant blooms. The *sampaguita* was declared the national flower on February 1, 1934 through Proclamation No. 652 issued by the then American Governor, General Frank Murphy. *Sampaguita* flowers are commonly presented as garlands. It is the tradition for Catholic Filipinos to place *sampaguita* leis on religious images as an offering. Photographs of deceased loved ones on home altars are also hung with the sweet-smelling floral necklaces. It is also the tradition among Filipinos to tenderly place a *sampaguita* garland around a person's neck as a warm welcome and way of honoring that person. Graduates are also bestowed with the leis by their school, family, or loved ones to acknowledge their accomplishment.

Comprehension Questions

1. What was the fence made out of?
2. What were the names of the two villages?
3. Who was the daughter of Datu Balintawak?
4. Who was the son of Datu Gagalangin?
5. Who died during the war?
6. Who was the boyfriend of Liwayway?
7. Where was Liwayway buried?

Grammar Focus

The words **bago** ("before") and **pagkatapos** ("after") are two connecting words we can use in creating complex sentences. Study the following sentences from the text.

1. **Bago** siya lumisan, hinalikan niya ang kamay ni Liwayway at nangako silang mamahalin ang isa't isa.
2. Nasugatan nang malubha si Delfin sa labanan at **pagkatapos** ng ilang araw ay namatay.
3. **Bago** ito tuluyang pumanaw, nagbilin ito sa isa sa mga kasamahan na ilibing siya malapit sa dulo ng bakod kung saan sila nagtatagpo ni Rosita.

Write three sentences using either **bago** or **pagkatapos**.

Writing Activity

Craft your own version of a romantic legend about another flower, tree, or any natural creation.

Sampaguita

Short Story by Maria Elena Paterno in English;
Translated by Joi Barrios

Lucia was a little girl, and she lived in a dusty and noisy corner of town.

Makeshift houses were crammed close, a patchwork of wooden boards and carton, flattened tin and rusted iron. Washing was hung out to dry in the windows, or was strung between the roofs, and sometimes, when it was very quiet, you could hear it dripping into silent pools of water that never dried.

She lived with her grandmother. There was no one else. Every morning, with the uncertain warmth of a new sun on her back, Lucia drew water for her grandmother to wash other people's clothes.

Then she would go to play in the rocks by the sea nearby. Sometimes other children were there, and she would join them.

Sampaguita

**Maikling Kuwento ni Maria Elena Paterno
sa Ingles; Salin ni Joi Barrios**

Nakatira si Lucia sa maalikabok at maingay na lugar sa lungsod.

Magkakalapit ang mga barong-barong, na pinagtagpi-tagping kahoy at karton, piping yero at kinakalawang na bakal. Ibinibilad ang labada sa may bintana, o isinasabit sa pagitan ng mga bubong, at kung minsan, kung tahimik na tahimik, maririnig mong pumapatak ang tubig sa naglalawang tubig na hindi natutuyo.

Nakatira siya sa kanyang lola. Wala na siyang iba pang pamilya. Araw-araw, hindi man tiyak ang init ng bagong araw sa kanyang likod, nag-iigib siya ng tubig para makapaglaba ang kanyang lola para sa ibang tao.

Pagkatapos, naglalaro siya sa kalapit na batuhan sa may dagat. Kung minsan, may ibang bata, at nakikipaglaro siya sa kanila.

Other times she liked to sit quietly by herself watching the water crashing against the rocks and letting the sea breeze play at her long straight hair.

And in the evening Lucia sold flowers.

She started out as the pink and orange glow of sunset faded into half-light, and shadows took over the afternoon. Twilight. She walked to the house of Aling Miling, which was nearby. Aling Miling was fat and grumpy. She cursed freely and her laugh was raucous. But she had the best, the freshest, garlands.

"*Hoy*, why are you so late?" she demanded in a loud raspy voice."Even Bubuy has come before you today—he's probably sold ten pesos worth by now."

Aling Miling sat in the middle of the room under a naked yellow bulb, surrounded by masses of the tiny white star-flowers strung in garlands. There were tubs of water to freshen the flowers with, and a sickly sweet smell hung about the room and clung to the walls.

The light bounced off her shiny round face. She seemed absorbed in the television program that was playing, full blast, in front of her, but Lucia knew she was being watched. She was scared of this fat, noisy woman, so she quickly picked out the whitest and freshest garlands.

"How many is that? Come here! Let me count them." Aling Miling shouted above the noise of the television. "You children, none of you can be trusted—O, go on, then, what are you waiting for?"

Lucia whispered a promise to return with the payment and fled.

"I will not take wilted flowers," Aling Miling called after her. "Only money."

Out in the street again, Lucia clutched the flowers. She ducked into a narrow alley, where children were playing *piko* in the last bit of light. There was no moon. No stars. The sky was low with dark clouds, and although the night was warm, she shivered with a chill in her bones.

Kung minsan, gusto niyang umupo nang mag-isa, tahimik na pinanonood ang tubig na humahampas sa batuhan, hinahayaan ang hanging-dagat na makipaglaro sa kanyang tuwid at mahabang buhok.

At sa gabi, nagtitinda si Lucia ng mga bulaklak.

Lumabas siya ng bahay habang ang rosas at kahel ng lumulubog na araw ay unti-unting nilulusaw ng sa nag-aagaw na dilim at liwanag at ang hapon ay napapalitan ng mga anino. Takipsilim. Naglakad siya patungo sa kalapit na bahay ni Aling Miling. Mataba at masungit si Aling Miling. Madalas itong magmura, at paos ang mga halakhak. Pero ito ang may pinakamagaganda at pinakasariwang ginawa nang kuwintas na bulaklak.

"Hoy, bakit huling-huli ka na?" singil nito sa malakas at garagal na tinig. "Kahit nga si Buboy, nauna pa sa iyo—nakapagbenta na siguro iyon ng sampung piso."

Nakaupo si Aling Miling sa gitna ng silid sa ilalim ng dilawang hubad na bumbilya, napaliligiran ng napakaraming maliliit na puting bulaklak na hugis bituin, na ginawa nang kuwintas. May balde-baldeng tubig para manatiling sariwa ang mga bulaklak at may halos nakauumay nang bango na hindi maaalis-alis sa silid at kumakapit sa dingding.

Nasinagan ng ilaw ang makintab at bilugang mukha ni Aling Miling. Mukhang tutok na tutok ito sa programa sa telebisyon na ang lakas-lakas ng tunog, pero alam ni Lucia na pinapanood siya nito. Takot siya sa mataba at maingay na babaeng ito, kaya't mabilisan siyang pumili ng pinakamapuputi at pinakasariwang kuwintas.

"Gaano karami iyan, ha? Halika nga rito! Pabilang," sigaw ni Aling Miling para matabunan ang ingay ng telebisyon. "Hindi kayo mapagkatiwalaang mga bata kayo—O sige na, ano pa'ng hinihintay mo?"

Pabulong na nangako si Lucia na babalik siya para magbayad, at mabilis nang umalis.

"Hindi ako tumatanggap ng lantang bulaklak, ha," pahabol na sigaw ni Aling Miling. "Pera lang."

Sa kalye, mahigpit na hawak ni Lucia ang mga bulaklak. Napunta siya sa makitid na eskinita, kung saan naglalaro ng piko ang mga bata bago tuluyang dumilim. Walang buwan. Walang bituin. Kaybaba ng langit at maitim ang mga ulap, at kahit mainit ang gabi, nanginginig ang kanyang nanlalamig na mga buto-buto.

Finally she was out in the boulevard, where it was noisy and the street lights spilled brightness. The air was heavy and wet with the smell of sea salt and warm traffic fumes. People walked, heads bowed. Lucia walked between the cars, holding the flowers before her to tempt people with their fragrance.

A car's horn beeped and she walked over. The lady in the car wanted five, but Lucia never saw her face, only the clean white hand that reached through the slit in the window to give five pesos.

Now the traffic light changed to green. Lucia went to sit on the broad base of the street lamp. She watched the cars rushing by. The harsh white light of the street lamp only made the night seem darker, the shadow deeper.

She felt a wind blowing in from the sea. It was cold. A baby's cries, loud and insistent, rose above the night traffic noise. Lucia knew who was crying and went over to play with him.

Alita greeted her with a smile as the little boy squirmed in his mother's lap and continued to cry.

"Shh, come," Alita murmured softly to her son.

Lucia took the child and hummed a low sweet tune until he was quiet. He clung to her tightly and cried when he was set down. Lucia sat by Alita as she arranged the little packs of peanut on the tray in front of her.

"How are you, Alita?" She spoke softly. "Have you sold enough?" Alita was sad and worried and she said, "He's been crying all afternoon." She gestured to the baby. "But we cannot go home yet. It's not enough." But then she smiled and shrugged. "It's never enough."

They spoke softly, and the yellow light from Alita's gas lamp flickered and cast shadows on their faces. The older woman looked fondly at her young friend, the soft skin, the clear black eyes. The smile that held nothing back.

The baby started to cry again, and his mother reached for him and cradled him but still he would not stop. Lucia looked at him worriedly, and finally she said "I know why he's crying. The wind. The chill..."

But she was interrupted by the sudden darkness. Throughout the city not a light shined. No moon. No stars. Strong, cold winds blew in from the sea.

Sa wakas ay nasa bulebard na siya, kung saan maingay at naghahasik ng liwanag ang mga ilaw sa kalye. Mabigat at basa ang hangin, amoy alat-dagat at mainit-init na usok ng sasakyan. Naglalakad ang mga tao nang nakayuko ang mga ulo. Naglakad si Lucia sa pagitan ng mga sasakyan, hawak ang mga bulaklak at umaasang mahihikayat ang mga tao sa bango nito.

May bumusinang kotse at lumakad siya palapit dito. Lima ang gusto ng babae sa kotse, pero hindi nakita ni Lucia ang mukha nito, iyon lamang malinis at maputing kamay na dumungaw sa bintana para mag-abot ng limang piso.

Berde na ang ilaw. Umupo si Lucia sa malapad na tuntungan ng ilaw sa kalye. Pinanood niya ang nagmamadaling mga sasakyan. Para lang lalong dumilim ang gabi sa marahas na ilaw ng kalye, naging mas malalim ang anino.

Naramdaman niya ang hangin na mula sa dagat. Kay lamig. Umalingawngaw ang uha ng sangol, malakas at nagpipilit marinig, natatabunan ang ingay ng trapiko ng gabi. Alam ni Lucia kung sino ang umiiyak kaya pinuntahan niya ito.

Nakangiti si Alita, habang hindi naman mapakali ang batang lalaki sa kandungan ng ina at patuloy ang pag-iyak.

"Tahan na," bulong ni Alita sa anak.

Kinuha ni Lucia ang bata at kinanta-kantahan ito ng malambing na awit hanggang sa tumahan ito. Mahigpit ang hawak nito sa kanya at umiyak nang ibinaba niya ito. Umupo si Lucia sa tabi ni Alita habang inaayos nito ang mga pakete ng mani sa harapan.

"Kumusta ka na, Alita?" Mahina ang boses ni Lucia. "Sapat na ba ang benta mo?" Malungkot at nag-aalala si Alita at sabi nito, "Buong hapon na siyang umiiyak." Tinuro niya ang sanggol. "Pero hindi pa kami puwedeng umuwi. Hindi pa kasya." Ngumiti ito at napakibit-balikat. "Kahit kailan naman, hindi kasya."

Nag-usap sila sa mahinang boses, at nagpatay-sindi ang dilaw na ilaw mula sa lampara ni Alita, lumilikha ng mga anino sa kanilang mga mukha. Malugod na tiningnan ng nakatatandang babae ang batang kaibigan, ang malambot nitong balat, ang malilinaw na matang itim. Ang ngiting walang itinatago.

Nagsimula na namang umiyak ang sanggol, at kinuha ito ng ina at ipinaghele pero ayaw pa ring tumigil. Nag-aalalang tiningnan ni Lucia ang sanggol, at sa wakas, sinabi niya, "Alam ko kung bakit siya umiiyak. Ang hangin. Ang lamig..."

Pero ginambala siya ng biglang pagdidilim ng paligid. Walang ilaw sa buong lungsod. Walang buwan. Walang bituin. Malakas at malamig ang hangin mula sa dagat.

People spilled out into the streets, shouting to each other, shouting to hear their own voices. Lucia was separated from her friends as people pushed, and she was pressed between bodies until she felt she could not breathe. She pushed her shoulders forward to make a hollow in her chest, and she drew the flowers to her. She wrenched herself free of the mob.

Lucia followed the sound and smell of the sea and walked toward the breakwater. She heard the waves churning and dashing at the rocks, could almost see the white foam as it rolled back into the deep. She felt the salt drops on her skin. Lucia shivered. The night was cold and frightening.

She lifted the sampaguita to her face to breathe in the familiar sweetness.

"What is happening?" she said, softly at first, then louder, her voice clear and strong. She was not sure, herself, who she was talking to, or why she had to speak so loudly.

"What do you want of us? What are we to do?"

Perhaps the sea heard her and sent waves to play at her feet. Perhaps the wind whispered something in her ear. Lucia held the flowers to herself for a moment, and then she knew what she had to do.

She threw her flowers to the sky.

A soft white glow relieved the darkness as the stars took their places in the sky.

On the streets the people stopped shouting and smiled at each other in surprised companionship. Even the sea grew quiet. It reflected the lights in the sky, glowing, glinting. It could almost have been said to be laughing.

Lucia walked home slowly, by herself but not quite alone, amongst people who seemed to have woken from a dream, who remembered the darkness only because of the light that came after.

She walked home under the night sky, full of a secret that she shared only with the darkness: the stars were hers.

✦ ✦ ✦

Lumabas sa kalye ang mga tao, sumisigaw sa isa't isa, sumisigaw para marinig ang sariling tinig. Nahiwalay si Lucia sa mga kaibigan habang nagtutulakan ang mga tao, at naipit siya sa mga katawan hanggang sa hindi na siya makahinga. Inusli niya ang mga balikat para magkagiwang sa dibdib, at inilapat doon ang mga bulaklak. Kumawala siya sa nagsisiksikang mga tao.

Sinundan ni Lucia ang tunog at amoy ng dagat at naglakad papunta sa dalampasigan. Naririnig niya ang rumaragasang mga alon na humahampas sa batuhan, halos nakikita ang mga bulang gumugulong pabalik sa kaibuturan ng dagat. Naramdaman niya ang tubig-alat sa balat. Nanginig si Lucia. Malamig at nakakatakot ang gabi.

Itinaas niya ang sampaguita sa kanyang mukha para malanghap ang pamilyar na bango ito.

"Ano ang nangyayari?" sabi niya sa boses na una muna'y mahina, at pagkatapos ay mas malakas. Malinaw at matibay ang kanyang tinig. Hindi niya sigurado kung sino ang kausap o kung bakit kailangan niyang magsalita nang malakas.

"Ano ang gusto mo sa amin? Ano ang dapat naming gawin?"

Siguro'y narinig siya ng dagat kaya't nagpadala ito ng mga alon para makipaglaro sa kanyang mga paa. Siguro'y may ibinulong ang hangin sa kanyang tenga. Sansaglit na hinawakan ni Lucia ang mga bulaklak, at pagkatapos, nabatid niya kung ano ang dapat gawin.

Itinapon niya ang mga bulaklak sa langit.

May malamlam na liwanag na hatid ang mga bituing humanay sa langit.

Sa lansangan, tumigil sa pagsigaw ang mga tao; ngumiti sila sa isa't isa, waring nagtataka sa biglang pagsasama-sama. Kahit ang dagat ay tumahimik. Tumulad ito sa langit—may liwanag, may kislap. Halos may halakhak.

Mabagal na naglakad pauwi si Lucia, siya lamang ngunit hindi lubusang mag-isa, kasama ng mga tao na parang nagising mula sa panaginip, naaalala lamang ang kadiliman dahil sa kasunod nitong liwanag.

Naglakad siya pauwi sa ilalim ng lambong ng gabi, puno ng lihim na ang dilim lamang ang nakababatid: kanya ang mga bituin.

✦ ✦ ✦

Discussion Questions

1. How do you cope with a fast-paced city life?
2. How well do you deal with children?
3. What are your thoughts on kids having a job or enterprise?

Vocabulary

nabatid knew; understood

maalikabok dusty

nakauumay sickening/almost sickening (refers to food or smell)

garagal raspy

mahigpit strict

labada laundry

takipsilim twilight

dapithapon sunset/dusk

kaibuturan depths

nagpatay-sindi flickered

ibinilad to put out to dry

isinasabit to hang up

pumapatak to drizzle

makapaglaba to do the laundry

nag-iigib to fetch water

natutuyo drying

nalulusaw melting

inusli protruded

umalingawngaw echoed

nanginginig shivering

lambong shroud

nakababatid know

itinapon threw

Culture/Context Notes

Maria Elena Paterno is a Filipino fictionist. She is the author of several children's books and has won literary awards, including the Salanga Prize bestowed by the Philippine Board on Books for Young People in 1986, and the Palanca Awards for Short Story for Children in 1989 and 1991.

In the Philippines it is a common sight to see child vendors in church yards or along streets selling sampaguita garlands as a way of augmenting their family's incomes. Their parents could be seen near their children and although, sadly, the latter are identified as child laborers, people are generally drawn by their innocence and are stirred to buy flowers from them anyway.

Comprehension Questions

1. What kind of place did Lucia live in?
2. Whom did Lucia live with?
3. What was Lucia's personality like?
4. Who was Aling Miling?
5. Describe Aling Miling.
6. What did Aling Miling care about the most?
7. What job did Lucia's grandmother have?
8. Where did Lucia like to hang out?
9. What did Alita need to sell enough of before she could go home?

Grammar Focus

Review the use of connecting words such as **habang** ("while"), **kaya't** ("and so").

1. Lumabas siya ng bahay habang ang rosas at kahel ng lumulubog na araw ay malusaw tungo sa nag-aagaw na dilim at liwanag.
2. Takot siya sa mataba at maingay na babaeng ito, **kaya't** mabilisan siyang pumili ng pinakamapuputi at pinakasariwang kuwintas.
3. Umupo si Lucia sa tabi ni Alita **habang** inaayos nito ang mga pakete ng mani sa harapan.
4. Siguro'y narinig siya ng dagat **kaya't** nagpadala ito ng mga alon para makipaglaro sa kanyang mga paa.

Write two sentences using **habang** to describe simultaneous actions. Then, write two sentences using **kaya't** to describe consecutive actions.

Writing Activity

Describe what the rush hour is like in your city.

Glossary

Aklan	a province located in the Western Visayas
albolaryo	traditional healer
amihan	northeast wind
apúng Sinukuan	*see*: Sinukuan
aswang	shapeshifters; evil creatures in folklore
Baguio	a highly urbanized city located in the Cordillera Administrative Region (CAR) in Northern Luzon, known for its cool climate and pine trees
Balete Drive	a street in Quezon City, believed to be haunted
Banaue	a municipality in the province of Ifugao in the Cordilleras, famous for its rice terraces
banua	Visayan word for "town"
Bathala	the supreme God of the indigenous Tagalog people; the creator of the universe
bayabas	guava
Bayan Ko	a highly popular patriotic song written by revolutionary General Alejandrino; later translated into Tagalog by poet José Corazón de Jesús
bibingka	rice cakes
bilao	a flat woven basket used for winnowing rice but can also be used for carrying or serving food
Bundok Diwata	volcano located in the Davao Region in Eastern Mindanao
Bundok Makiling	Mount Makiling, a dormant volcano located on the border of the Laguna and Batangas provinces in Luzon
carne blanco	In Spanish, literally "white meat"; signals to European descent
Cebuano	colloquially known as Bisaya/Binisaya, the lingua franca of the central Visayas and many parts of Mindanao
Chocnut	a very popular chocolate-peanut candy brand
Compostela Valley	a province in Southern Mindanao; also known as Davao del Oro
Cordilleras	mountain range in Northern Luzon
dagli	short story

eh	an exclamation signifying reflection, like the word "hmm"
España Boulevard	a major thoroughfare in Manila
Ferdinand Marcos	(1917–1989) The 10th President of the Philippines from 1965–1886, notorious for his dictatorial rule under martial law. His regime was infamous for its rampant corruption and brutality
gimokudan	Visayan word meaning "place of souls," or the underworld, from the root **gimokud** meaning "souls"
habagat	south wind
Hilda Koronel	(January 17, 1957-) actress widely known for her films during the 1970s, especially her collaborations with Director Lino Brocka
Ibong Adarna	a sixteenth-century epic poem about the eponymous magical bird that can lull listeners to sleep with its song
Juan Tamad (or **Juan Pusong**)	a popular character in Filipino folklore who is the epitome of laziness; stories about his antics border on silliness and hilarity
Ka Waquin	Comrade Waquin (**Ka** is short for **Kasama** or "comrade")
kaban	cavan/sack of rice or **palay** weighing 50 kilograms
Kalibo	the capital of the province of Aklan
Kanloan/Canlaon	active volcano located on the island of Negros in the Western Visayas; named after the goddess of Ilonggo folklore
Kapampangan	the language of Pampanga
Katok-Hangyo	a Cebuano phrase referring to a courteous visit by the police or *barangay* officials to inquire if someone from that household is a drug user or drug pusher; **katok** meaning "knock"**; hangyo** meaning "negotiate"
kawayan	Indian cane/bamboo
Kudyapa	the legendary guardian of fire in Ilonggo folklore, presented as a virgin offering to Kanlaon
kundiman	a genre of love song, traditionally used as a form of serenade
"Kung Mangarap Ka't Magising"	"If You Dream, and Then Wake Up," a 1977 romantic drama directed by Mike De Leon

Laguna	a province located in Luzon
Leyte	an island located in the Eastern Visayas
Madrasta	stepmother; also the title of the 1996 film starring actress Sharon Cuneta
makibaka	almost always followed by "**huwag matakot!**"; the meaning is a call to action for a persisting fight toward justice and the collective struggle. **Makikibaka** is the act of joining the struggle in unison with the collective.
Mambucal/Mambukal	a resort township in the province of Negros Occidental in the Western Visayas, a famous tourist destination known for its multiple waterfalls, hot springs, and sulfur pools
Manila Bay	a natural harbor where the Port of Manila is located, the largest international shipping gateway to the country
Martial Law	ordination of direct military control by a government over normal civilian functions; characterized by curfews, the suspension of civil law, civil rights, *habeas corpus*, and the application or extension of military law or military justice to civilians. Though it may refer to multiple periods in Philippine history, contemporary understanding largely references its imposition under dictator Ferdinand Marcos
matutuklaw	will be bitten (refers only to snake bites)
Mebuyan	considered the goddess of the underworld according to the mythology of the Bagobos indigenous group from Mindanao
Mohon	a village located in the town of Taunan in the province of Leyte
Mount Arayat	an inactive volcano in Central Luzon
naku!	Similar to *Oh my gosh!*; *Really?*; *Huh?*
Noynoy Aquino	(1960–) Benigno Simeon Cojuangco Aquino III, the 15th President of the Philippines from (2010–2016), often criticized for his inaction during times of crisis
Oplan Tokhang	the Philippine War on Drugs; the Duterte administration's drug policy widely condemned for its rising death count resulting from rampant police misconduct and extrajudicial executions
Orocan	a popular brand of plastic products

palay	unhusked rice
Pampanga	a province in the Central Luzon region of the Philippines
PhilCoA	a public vehicle terminal for commuters of public transportation
Philippine Collegian ng Unibersidad ng Pilipinas	*The Philippine Collegian*; the official student publication of the University of the Philippines, Diliman, known for its radical, anti-establishment views
pusong	troublemaker / mischief-maker
Sagada	a town in the Cordillera Mountains, famous for its hanging coffins, alpine climate, and scenery
sago	edible, starchy balls (like tapioca balls) made from palm tree pith
sampaguita	the Philippine national flower; commonly strung into garlands and sold by street vendors
sarimanok	legendary bird with colorful wings
sayang	it's a pity
Sharon Cuneta	actress and singer known as the "Megastar" for her prominence in Philippine show business
Sinukuan	in Kampangangan mythology, the sun god of war and death who lived on Mount Arayat
Taunan	a town located in the province of Leyte
tokhang	from the root word **tok-tok** ("knock knock")
tse!	expression of disgust
usong	*see*: Pusong

Tagalog-English Dictionary

A

agila   eagle

alamat   legend

alas otso kinse   8:15

alas-siyete kuwarenta   7:45

alipin   slaves

Amerikana   American (can refer to suit and tie)

anak   child; gender neutral, can refer to son or daughter

ani   harvest

anihan   harvest time

apoy   fire

asawa   partner; gender neutral term for husband or wife

ate   older sister

B

babae   woman or girl

balikat   shoulder

barbero   barber

bata   child

bato   stone/rock

bayan   town/nation

bigti   to hang

bilog   round/circle

binabad   soaked

binata   young man

binhi   seed

bintana   window

binuhos   poured (usually used for liquids)

biyuda   widow

boksingero   boxer

bubong   roof

buhok   hair

bulaklak   flower

bumaha   flooded

bumubuhay   giving a living

bundok   mountains

burol   hill

buto   seed/bone

butones   buttons

buwan   moon

D

dagat   sea

daigdig   world

dalampasigan   seaside or seashore

dama   feel

dapithapon   sunset/dusk

diko   second older brother

dilim-dilim   very dark

ditse   second older sister

Diyos   God

donya   madam; a rich woman

duguan   bloodied

dumi   manure

E

edad   age

ehersisyo   exercise

ermitanyo   hermit

estranghero   foreigner

G

gahasa   rape

galit na galit   very angry

garalgal   rattle

gintong totoo   true gold

giting   valor

gulat na gulat   very surprised

gumagapas   cuts

H

habambuhay   forever

habang buhay   forever

halaman plants
Hapon afternoon
Haponesa Japanese
hari king
hayop animal/beast
hiling wish or desire
hintuturo forefinger
hinuli catch
humapon perched

I
ibinigay gave
ibinilad to put out to dry
ibon bird
ilog river
ilong nose
inain stepmother
inampangunam stepmother
Intsik Chinese
ipinagkakapuri honor/to honor
ipinatahi tailor-made
ipinatawag called
isang araw one day
isinasabit to hang up
isla island
itinapon threw out
iwan leave

K
kaakit-akit very attractive
kabaong coffin
kabigha-bighani alluring; captivating
kadugo blood-related
kahel orange
kahoy na pamalo wood used to hit something/someone
kalamansi lemon
kalesin buggy
kaluluwa soul
kamay hand
kambal twins

kamisa shirt
kamukha looks like
kanin rice
kapaligiran surroundings
kapanganakan birth
kapatid sibling
kape coffee
kariktan beauty
kasal wedding
kasarian gender
kasi because
kasintahan boyfriend/girlfriend; significant other
kasoy cashew
kasu-kasuan joints
kasunduan sa kapayapaan peace treaty/pact
katakutan fear
katangahan stupidity
kawayan Indian cane/bamboo
kidlat lightning
kinusot rubbed
konseho council
kontentong-kontento very contented
korona crown
kotse car
kubling kuwarto concealed rooms
kung ano-ano all kinds of things
kurbata tie
kutsilyo knife
kuwarto room
kuweba cave
kuwintas necklace
kuya older brother

L
labada laundry
lagnat fever
lahi race
lakas strength
lalaki guy
langit sky/heaven

lawin hawk
lindol earthquake
linggo week
linggo-linggo every week
lola grandmother or aged woman
lola sa tuhod great grandmother
lolo grandfather or aged man
lolo sa tuhod great grandfather
lubid rope
lugar place
lumbay mournful
lumilipad flying
lumindol nang lumindol continuous
  earthquake
lumulubog flooding
lumulutang-lutang floating
Lunes Monday
lungkot sadness
lungsod city
lupa land

M

maalikabok dusty
mabalutan clothed
mabasa to be able to wet (accent on
  the third syllable of *mabasa*)
mabigat heavy
madrasta stepmother
mag-alaga to take care of
maganda beautiful
magbubukid farmer
maglakad to walk
magpagupit to get a haircut
magpapakasal will get married
magtapon throw
mahigpit strict
mahina weak
mahusay skilled
maingay noisy
mainit hot
mais corn
makapaglaba to do the laundry

makapagsalita to be able to speak
makialam to meddle
makisama to join
mala-hawla cage-like
malakas strong
malalim deep
malambing gentle
malamig cold
malayo far
malusaw melt
mamahalin will love
mamuno to rule
mangangaso hunter
mangga mango
mapayapa peaceful
mapusok impulsive
maramot stingy / greedy
marikit charming
marilag pretty
Martes Tuesday
masayang-masaya extremely happy
masiba voracious
masungit unapproachable / stickler
mata eyes
mataba chubby
matandang babae old lady
matibay sturdy
medya media
meryenda snack
Miyerkoles Wednesday
mula from
mundo world

N

nababagot getting bored
nabubuwal falls
nag-aagaw to fight over
nag-aararo ploughing
nag-iiba-iba changing
nag-iigib to fetch water
nag-iimbita invites
nag-usap-usap discussed

nagbibilyar playing billiards

nagdala brought

nagdiwang celebrated

naghahangad aspires

nagkasakit got sick

nagkasundo reached reconciliation and/or agreement

nagliliyab blazing

nagmumulto haunting

nagpasalamat expressed gratitude

nagpigil controlled

nagsisikip to cram/squeeze into something

nagtago hid

nagtatanim planting

nagtitinda selling

nahulog dropped

naisip thought

nakakainis irritating

nakakakuha able to get

nakakaumay embarrassing

nakatira living; resident

nakipaglaro to play with

nakita saw

nanay mother

nang used as a relative pronoun "who"

nanginginig shivering

napakaganda very beautiful

napatapik to tap

napatungo bowed down its head

naplano planned

napunit torn

napupuwing something is getting into one's eyes

narinig heard

nasa damuhan on the grass

nasa ilalim under

nasa labas outside

nasa loob inside

natamaan got hit

natupad came true

natutuyo drying

nayon village

ngumiti smiled

nilagyan placed

noong unang panahon once upon a time (literally, in the beginning of time)

P

pabebendisyon to ask for a blessing

pagkakaisang-dibdib act of getting married (literally, the act of being one chest/heart)

pagkatapos afterwards

pagmamalaki pride

pagod na pagod very tired

pagong tortoise

pagsasaka farming

pagseselos jealousy

palad palm

palagi always

palasyo palace

pananakop colonization

pang-aapi oppression

pangalan name

panganay oldest sibling

pangangaso hunting

panginoong maylupa landlord

pangit ugly

paniki bat

pawikan sea turtle

pelikula movie

petsa date

pigilan prevent

pinabili to ask to buy

pinahila pulled

pinakamagaganda most beautiful

pinakamapuputi whitest

pinakasariwa freshest

pinaslang killed

pinatayo to ask/request to establish

pinuno leader; chief

pisngi cheeks

pugon fireplace; stove
pula red
pulis police
pulso wrist
pumapatak to drizzle
puno tree
punong-puno full of
pusa cat
puti white

R
relos watch
rosaryo rosary
rosas pink
rumaragasang alon rushing waves

S
sampalok tamarind
sanggol baby
sanlibutan universe
sapot web or film
sarili self
siglo century
sinabi said
sinapupunan womb
sinasalbahe messing with
singsing ring
sinungaling liar
siyam na minuto 9 minutes
sukbit to carry on a shoulder
suklam hate
suklay comb
sulat write
sumbrero hat
sundalo soldiers

sungay horns
susi key
suso breasts
sutla silk

T
tabako tobacco
tahimik quiet
takang-taka wondering
takipsilim twilight
takot na takot very scared, afraid
talaga! really?
talon waterfalls
tamad lazy
tanawin view
tatay father
tatay-tatayan father figure
telebisyon television
tinuka pecked
tita aunt
tito uncle
tubig water
tulak push
tunog sound

U
ulan rain
ulap clouds
ulo head
umaga morning
umalingawngaw echoed
umibig to fall in love
uri class
usa deer
utak brain
uwak crow

About the Author

Joi Barrios (Ph.D. in Filipino and Philippine Literature, UPD) is a Senior Lecturer teaching Filipino language and Philippine Literature at UC Berkeley (UCB). After completing her Ph.D., she taught at the University of the Philippines Diliman (UPD), Osaka University of Foreign Studies, UCLA and UCI. She then returned to Manila to serve as Associate Dean of the UP College of Arts and Letters. She is the author and editor of over a dozen books including *Tagalog for Beginners* and *Intermediate Tagalog* and the poetry collection *To Be a Woman is to Live at a Time of War*, a book of novelettes *My Prince Charming and Other Romance Novelettes*, and *From the Theater Wings: Grounding and Flight of Filipino Women Playwrights*. She has won fourteen national literary awards in the Philippines, a Distinguished Teaching Award at UCB and three lifetime achievement awards: The Weaver of History Award (one of 100 women chosen by the Philippine Centennial Committee) in 1998; the Ten Outstanding Women in the Nation's Service Award in 2004; and the National Balagtas Lifetime Achievement Award for Poetry in Filipino in 2016.

About the Illustrator

Mark Salvatus is a visual artist based in Lucban and Manila, the Philippines. He studied at the University of Santo Tomas and has exhibited his works widely in the Philippines and abroad. Two children's books he illustrated have won awards from the Philippine Board on Books for Young People (PBBY) and Manila Critics Circle.

Bibliography

Aguilar, Mila D. "Fighting the Panopticon: Filipino Trickster Tales as Active Agency against Oppressive Structures." *UP Department of Filipno and Philippine Literature Lecture Series on November 30, 2000. http://www.mda.ph/essays/academic_work/1168.pdf*

Tolentino, Roland B. and Atienza, Aristotle (eds.) "Napakatungak ko!—Ang Magbubukid at ang Panginoong-Maylupa," in *Ang Dagling Tagalog 1903-1936.* Quezon City: Ateneo de Manila University Press, 2007.

Matute, Genoveva (ed.) "Ang Bahay ni Pawikan," in *Mga Salaysay sa Rehiyon VII: (Mga Alamat at Kuwentong Bayan)*, pp. 47–50. Manila: Komisyon sa Wikang Filipino, 2003.

Arguilla, Manuel Estabillo, and Lyd Arguilla, eds. *Stories of Juan Tamad.* Manila, Philippines, A. S. Florentino, 1965.

Barber, Pauline Gardiner. "Transnationalism and the Politics of 'Home' for Philippine Domestic Workers," *Anthropologica*, Vol. 39, No. 1/2 (1997), pp. 39–52. Canadian Anthropology Society. Stable URL: https://www.jstor.org/stable/25605850. Accessed: 28-04-2020 21:03 UTC

Benedict, Laura Watson. "Lumabat ang Mebuyan." *Journal of American Folklore* 26, no. 99 (January-March 1913): pp. 20–21. Accessed March 9, 2020. www.jstor.org/stable/534786.

Benitez, Francisco. "Ang Mga Pinagdaanang Buhay ng Ibong Adarna (The Lives Lived by the Adarna Bird): Narrativity and Ideology in the Adarna's Corrido and Filmic Versions." *Kritika Kultura*, no. 10 (February 2008): 5–40. Accessed March 9, 2020. https://journals.ateneo.edu/ojs/index.php/kk/article/view/1505.

Cole, Mabel Cook, ed. *Philippine Folk Tales.* Chicago, A.C. McClurg & Co., 1916. http://www.gutenberg.org/ebooks/12814.

Constable, Nicole."Sexuality and Discipline among Filipina Domestic Workers in Hong Kong," *American Ethnologist*, Vol. 24, No. 3 (Aug., 1997), pp. 539–58. Wiley on behalf of the American Anthropological Association. Stable URL: https://www.jstor.org/stable/647082. Accessed: 28-04-2020 21:02 UTC

Choudry, Aziz and Mondli Hlatshwayo (eds). "Migrant Unionism in Hong Kong: A Case Study of Experiences of Foreign Domestic Workers in Union Organising," *Just Work?: Migrant Workers' Struggles Today.* Pluto Press. (2016). Stable URL: https://www.jstor.org/stable/j.ctt194xgtm.12

Eugenio, Damiana L. *The Folktales.* Diliman, Quezon City: University of the Philippines Press, 1989.

———. *The Myths*, vol. 2. Quezon City: University of the Philippines Press, 1993.

———. "The Girl of Many Loves." In *Philippine Tales and Fables,* edited by Manuel and Lyd Arguilla, pp. 19–20. Manila: Capitol Publishing House, Inc., 1957.

Fansler, Dean S. *Filipino Popular Tales.* New York: G. E. Stechert & Co., 1921. http://www.gutenberg.org/files/8299/8299-h/8299-h.htm.

Figueras, Adelaida A. "Iloko Folk Literature." *In Philippine Folk Literature: An Anthology,* edited by Damina L Eugenio, pp. 104-105, Folklore Studies Program of the University of the Philippines and the U.P. Folklorists Inc., 1982.

Ka Ben. "In Memory of Wendell 'Ka Joaquin'." *Pinoy Weekly* (Manila). August 2, 2016. https://www.pinoyweekly.org/2016/08/in-memory-of-wendell-ka-waquin-gumban/.

Llaneta, Celeste Ann Castillo. "Utak at Pusa: The Cats and Dogs of UP Diliman," November 15, 2018. UP Forum https://www.up.edu.ph/utak-at-pusa-the-cats-and-dogs-of-up-diliman/. Accessed April 20, 2020

Parreñas, Rhacel Salazar. "The Indenture of Migrant Domestic Workers" *Women's Studies Quarterly,* Vol. 45, No. 1/2, AT SEA (Spring/Summer 2017), pp. 113–27. The Feminist Press at the City University of New York. Stable URL: https://www.jstor.org/stable/44474112. Accessed: 19-04-2020 03:10 UTC

Rabuco, Amorita C. Rabuco. *Hiligaynon Mythological Stories and Folktales: Analysis and Translation.* Iloilo: University of San Agustin Publishing House, 2006.

Regalado, Iñigo Ed. [Tengkeleng]. "Estrangheritis." In *Ang Dagling Tagalog 1903–1936,* edited by Roland B. Tolentino and Aristotle Atienza. Quezon City: Ateneo de Manila University Press, 2007.

Rosario, Deogracias A. "Greta Garbo." In *Philippine Literature: A History and Anthology,* edited by Bienvenido Lumbera and Cynthia Nograles Lumbera, 137–41. Pasig City, Philippines: Anvil, 2005.

Rudolph, Ebermut. "The Snake-Twins of the Philippines: Observations on the Alter-Ego Complex," Second and Last Installment. *Philippine Quarterly of Culture and Society,* Vol. 16, No. 3/4 (September-December1988), pp. 250–80. University of San Carlos Publications. Stable URL: http://www.jstor.org/stable/29791957. Accessed: 25/11/2013 18:40

Sabilo, Kristine Angeli. " A Sense of Wanda." *Philippine Daily Inquirer* (Makati, Metro Manila). October 9, 2016. https://newsinfo.inquirer.net/823162/wanda

Sabanpan-Yu, Hope. "Reversals of Power: A Carnivalesque Reading of the Tales of Juan Pusong," *Philippine Quarterly of Culture and Society,* Vol. 42, No. 3/4 (September-December 2014), pp. 139–78. University of San Carlos Publications. Stable URL: https://www.jstor.org/stable/44512018. Accessed: 26-05-2020 03:38 UTC

Siscar, Hernando L. "A Study of Some Ilongo Folk Tales, Songs, Poems, Legends and Proverbs," in *The Myths,* edited by Damiana L. Eugenio, pp. 70–72. Quezon City: University of the Philippines Press, 1993.

"Books to Span the East and West"

Tuttle Publishing was founded in 1832 in the small New England town of Rutland, Vermont [USA]. Our core values remain as strong today as they were then—to publish best-in-class books which bring people together one page at a time. In 1948, we established a publishing office in Japan—and Tuttle is now a leader in publishing English-language books about the arts, languages and cultures of Asia. The world has become a much smaller place today and Asia's economic and cultural influence has grown. Yet the need for meaningful dialogue and information about this diverse region has never been greater. Over the past seven decades, Tuttle has published thousands of books on subjects ranging from martial arts and paper crafts to language learning and literature—and our talented authors, illustrators, designers and photographers have won many prestigious awards. We welcome you to explore the wealth of information available on Asia at **www.tuttlepublishing.com**.

Published by Tuttle Publishing, an imprint of Periplus Editions (HK) Ltd.

www.tuttlepublishing.com

Copyright © 2021 Periplus Editions (HK) Ltd.

Cover Image © Antonio Mahilum

All rights reserved. No part of this publication may be reproduced or utilized in any form or by any means, electronic or mechanical, including photocopying, recording, or by any information storage and retrieval system, without prior written permission from the publisher.

Editorial assistants: Francine Medina Marquez, Jenina Yutuc, Josh Laural and Gabrielle Pascua
Illustrator: Mark Salvatus

ISBN 978-0-8048-4556-4

26 25 24 23 22 21
6 5 4 3 2 1   2108VP

Printed in Malaysia

Distributed by:

North America, Latin America & Europe
Tuttle Publishing
364 Innovation Drive
North Clarendon, VT 05759-9436 USA
Tel: (802) 773 8930; Fax: (802) 773 6993
info@tuttlepublishing.com
www.tuttlepublishing.com

Japan
Tuttle Publishing
Yaekari Building, 3rd Floor
5-4-12 Osaki, Shinagawa-ku
Tokyo 141-0032
Tel: 81 (3) 5437 0171; Fax; (81) 3 5437 0755
sales@tuttle.co.jp; www.tuttle.co.jp

Asia Pacific
Berkeley Books Pte Ltd
3 Kallang Sector #04-01
Singapore 349278
Tel: (65) 6741 2178; Fax: (65) 6741 2179
inquiries@periplus.com.sg
www.tuttlepublishing.com

TUTTLE PUBLISHING® is a registered trademark of Tuttle Publishing, a division of Periplus Editions (HK) Ltd.